淺說五十種禪定陰魔

目錄

緣起

《大佛頂首楞嚴經》，又稱「開悟的楞嚴」，夢參老和尚此次講述《楞嚴經》，雖老耄已至，終於在克服重重障礙後，以簡要心法開顯縝密辯證的義理，經歷七十六個法座圓滿。

公元二〇〇八年三月，老和尚在台弘法進入尾聲之際，因夢境之敦促，生起了開講《楞嚴經》的心願，自京前往五臺山準備講經期間又遭逢川北大地震，講經時間推遲至七月，俟講至《楞嚴經》第二卷中時，又因故而不得不中斷講經。

時序轉換至二〇〇九年的金秋十月，老和尚因敷演《楞嚴經》之心願不曾中斷，遂在弘法因緣具足下，於普壽寺法堂續講圓滿，常隨聽法的四眾弟子約五百人，坐無虛席。

惟《楞嚴經》譯體微妙，宛若南華奇文，學者難以一窺堂奧，面對深繁皴染的文句，夢參老和尚此次開演楞嚴大意，遂以疏淡的方式凸顯《楞嚴經》的典雅莊嚴，希冀大家能在楞嚴大法中，信仰妙明真體，

「銷我億劫顛倒想，不歷僧祇獲法身」。

為因應當前禪定學法的危機，方廣文化編輯部先將《楞嚴經》末二卷的〈五十陰魔章〉整理成冊出版，並取名為〈淺說五十種禪定陰魔〉，敬謹供養楞嚴會上佛菩薩，冀能發揮正本清源、闢邪顯正之效。至於經文中若干專有名詞，如「三摩地」與「三摩提」，譯文雖不統一，實為互用，本書同異並存以求真，尚祈識者見諒。

夢參老和尚略傳

夢參老和尚生於西元一九一五年，中國黑龍江省開通縣人。

一九三一年在北京房山縣上方山兜率寺出家，法名為「覺醒」。但是他認為自己沒有覺也沒有醒，再加上是作夢的因緣出家，便給自己取名為「夢參」。

出家後先到福建鼓山佛學院，依止慈舟老法師學習《華嚴經》，該佛學院是虛雲老和尚創辦的；之後又到青島湛山寺學習倓虛老法師的天台四教。

一九三七年奉倓老命赴廈門迎請弘老到湛山寺，夢參作弘老侍者，以護弘老生活起居半年，深受弘一大師身教的啓發。

一九四〇年起赴西藏色拉寺及西康等地，住色拉寺依止夏巴仁波切學習西藏黃教修法次第，長達十年之久。

一九五〇年元月二日即被令政治學習，錯判入獄長達三十三年。在獄中，他經常觀想：「假使熱鐵輪，於我頂上旋，終不以此苦，退失菩提心。」這句偈頌，自我勉勵，堅定信心，度過了漫長歲月。

一九八二年平反，回北京任教於北京中國佛學院。

一九八四年接受福建南普陀寺妙湛老和尚、圓拙長老之請，離開北京到廈門南普陀寺，協助恢復閩南佛學院，並任教務長。

一九八八年旅居美國，並數度應弟子邀請至加拿大、紐西蘭、新加坡、香港、台灣等地區弘法。

二〇〇四年住五台山靜修，農曆二月二日應五台山普壽寺之請，開講《大方廣佛華嚴經》（八十華嚴），二〇〇七年圓滿。

二〇〇九年以華梵大學榮譽講座教授身份來台弘法，法緣鼎盛。

二〇一七年十一月二十七日（農曆丁酉年十月初十申時），圓寂於五臺山真容寺，享年一〇三歲。十二月三日午時，在五臺山碧山寺塔林化身窯荼毗。

《楞嚴經》五十陰魔章

淺說五十種禪定陰魔

夢參老和尚 講述

釋經題

諸位道友今天總算因緣成熟了，我們準備講《楞嚴經》已經好幾個月了，因為個人的障礙很多，恐怕講不成，現在障礙總算消失了，就跟大家結緣共同學習《楞嚴經》。

大佛頂如來密因修證了義諸菩薩萬行首楞嚴經

這是這部經的題目也是總綱。在學習這部經的時候，大家要先瞭解大意，總的來說這部經是講禪宗的，從最初修禪定到最後究竟了義禪定，就是講定的法。這部經的題目，原文是「大佛頂悉怛多般怛囉」，這是一切諸佛清淨的法眼。

這部經的第二個大意是救護阿難，讓他破除我見、得脫苦難，這還是屬於阿含部分，不是《楞嚴經》的了義；至於波斯匿王向佛請求、佛讓他破除斷見，破我見、斷見都是屬於阿含的部分。

前頭是教起因緣，「如來密因修證了義」，這是如來的本義。這部經跟《華嚴經》的妙義是相通的。《楞嚴經》的密義就是〈楞嚴咒〉。經文的解釋就是顯，你要想明了〈楞嚴咒〉是什麼意思，那就學《楞嚴經》。《楞嚴經》就是〈楞嚴咒〉密義的解釋，「密因」就是咒，「修證了義」就是顯，也就是解釋密因的。「諸菩薩萬行首楞嚴」，經文上所講的都是「萬行首楞嚴」。因此，經是解釋密咒的，密咒就是經的總說。

我們現在分別解釋《楞嚴經》經題的意義。

《大佛頂如來密因修證了義諸菩薩萬行首楞嚴經》，這部經的題目很長，簡稱《楞嚴經》。什麼叫「大佛頂」？「大佛頂」是表法的。「大」，就包含一切，稱讚這部經他的體大，大以法性爲體，這部經非常廣大，拿佛頂作比喻。「大佛頂」三個字就是稱讚的意思。

「密因」就是大的因，什麼是大的因？菩提這個因能成佛果，所以稱爲大因。受持這部經，你要理解這個教義非常大、道理非常深，證得佛果修行的密因了義，「大佛頂」就是成佛的道理；成佛得假密因，這部經就是如來的「密因」。「密因」就是妙因，如來的密因。

「了義」就是妙義。

「萬行」就是妙行。

「楞嚴」就是妙定，妙定不是一般的定而稱爲妙定。什麼涵義？人人本具足的妙性本體永遠在定中，修成也如是、沒有修成也如是，不是修成了就增加，迷失了就減少，不增不減，所以這叫楞嚴妙定。

「大佛頂」這三個字作爲《楞嚴經》之首，是讚歎這部經義理非常深。以「大佛頂」三個字來說，「大佛頂」就是如來的密因。如來是佛的十號之一，佛有十號，如來、應供、正徧知、明行足、善逝、世間解、調御丈夫、天人師、佛、世尊，這是佛的十種德號，如來是第一種的德號，佛佛道同，一切佛都如是。

但是這部經是約佛的三身來說的，是講究「究竟覺」，始覺與本覺合二爲一，那就成爲「究竟覺」，這是修成的不是本具的，所以稱爲如來。一般的解釋，如如不動，如如是體，來是應化，應衆生之機，毘盧遮那是指他的體，釋迦牟尼是用，什麼是他的相？盧舍那報身佛是他的相。

我們講《華嚴經》的時候，體相用三大，等於大家都是始覺，現在開始覺悟，出家修道，這叫始覺。等你迴光返照的時候，用於始覺照著你自己本覺的理性。現在不論學戒也好、讀誦經典也好、聞法也好、念佛也好，都是開始覺悟，這叫始覺。用這始覺的智慧照了本覺的理，本覺的理就是眞如的妙理，當你始覺觀想一照，觀想法身如來是空的，佛體如虛空；因爲空才能徧，徧滿一切處、徧滿一切時，沒有時間沒有處所，如來法身徧一切處，這是法身如來，這是密因。

法身如來密因，他生起妙覺的智慧要利益衆生，從法身要利益衆生，把他果德所得到的稱爲報身如來。報身如來叫盧舍那，「盧舍那」翻華言叫清淨滿一切處，而他的法身是無相無言說的。報身是以佛所積聚的智慧爲身，報身全是智慧身，沒有一切惑染，一切諸佛叫清淨。智慧圓滿了，智慧明淨達到極點，這是報身意。佛的報身是智慧身，但是這個報身，一般衆生是無法得見的，這是果地的菩薩化身，諸佛所能夠承事的報身。盧舍那佛坐的蓮華座，蓮華座有一千葉，整整一千葉的蓮華，由報身一切法傳給化身，一葉一化身。這個化身佛是大化，大化又變成小化，一華百億國，一百億報身坐的千葉蓮華，一華有一百億化身釋迦牟尼；化即是報，報即是法，三身一體。在這個地方要講四身，報身有大應，應身又有化身、小化。

盧舍那佛坐的千葉蓮華叫大化身，大化的釋迦牟尼，一華百億國，一百億釋迦，這叫小化，有千百億釋迦。為什麼化這麼多？因為眾生的機不同。這尊佛在這個世界化現的跟在極樂世界化現的完全不一樣，跟藥師琉璃光如來化現的完全不一樣，「密因」就是指報身佛說的。

現在我們修的因（密因修報身），法身是本源，為什麼不修法身呢？法身是我們本具足的、不假修證的，人人本具足法身、毘盧遮那徧滿一切處，毘盧遮那沒有報、沒有化、沒有應，諸佛的法身跟眾生的法身是一個，眾生沒有報、沒有應、沒有化，眾生的報是業報，眾生的化，化身（業障身），因此如是的理解，如是的修行。

「如來密因」不是事相，也不是事相的修行，顯因可以見到、密因見不到了。如來的密因是十方一切諸佛，成就果德的時候所依的那個心。一切身就是我們每個眾生的本性，每個眾生的根性，就是我們那根性能夠成菩提、證涅槃，跟佛無二無別。但是沒有修證。我們感的報身是業報，諸佛所感的報身是修得的功德的體。

一切諸佛成就都是依著這個心，一切眾生聞法發菩提心也是依著這個心。這個心人人本具，在眾生迷而不覺。我們就聞法、皈依三寶，依著他而修證，這過程非常密，就叫密因。眾生都能成佛，眾生本具的因都是跟佛無二無別，缺乏修證所以就密。這是講的因性，因即是果，因該果海，因性即是果性，到你成佛了叫果徹因源。

我們現在是凡夫心，因該果海，到你成佛了，果徹因源；但是這一個因該果海、一個果徹因源，極端秘密，這叫密因。本來是因性，但是他就是果，果就是密；因性即是果性，如來證得的極果也就是證得他的因性，所以不離證因，「因該果海」，證得果徹了叫「果徹因源」，是這樣來講密因。

「修證了義」，依著密因所起的，又假修證的功夫、證得的功夫，修的時候就是把你身心修理修理。像我們學戒、念佛，都是整治你的身心，斷你的無明煩惱，乃至最高處斷了習氣，修理好你的身心。從開始斷見惑、斷思惑、斷塵沙、斷無明、完了再斷習氣，這都是你整治身心修行的時候。

我經常講修理修理，依著什麼修理？怎麼樣修理？依著佛教導我們的方法，八萬四千法門，依著這個方法，身不造殺、盜、淫容易修理；心可不容易修理了，不要胡思亂想讓他斷煩惱、證菩提修理我們的身心，修理好了就證得了，證得了就達到了義了，就是「修證了義」。

「諸菩薩萬行」，就是修證了義的方法。菩薩具足了叫「菩提薩埵」。中國人喜歡簡略，「菩提薩埵」就略了，略了別人就不知道了，只知道「菩薩」。說來說去，「薩埵」沒有了、光剩「菩薩」了。「菩薩」是什麼意思？翻我們華言叫「覺有情」，使一切有情眾生覺悟了。「菩薩」在行菩薩道，自己是有情，「薩埵」就翻有情；但是他是覺悟的有情，覺悟的有情度那些沒覺悟的眾生，這個覺悟的有情就大道心的有情，沒覺悟的眾生沒有這個心。

「菩提薩埵」有三種涵義，他自己已經覺悟了。覺悟是什麼標準？覺悟有兩種標準，先認得我空無我，爾後是法空無法。若能達到無我無法、我空法空。有時候說有情，是我、法二空的有情才叫菩薩，能夠覺到法界眞理、認得無量衆生是空的，空而不捨悲智，大悲心、智慧心不捨，自他兩利，自己再進修直至成菩提，成阿耨多羅三藐三菩提。

在《華嚴經》菩薩有五十五位，從十信開始，初信到十信、初住到十住、初行到十行、初迴向到十迴向、初地到十地，十信、十住、十行、十迴向、十地，到了等覺地，總共成五十三位。但是《楞嚴經》講圓融無礙，修行當中的時候圓融是什麼呢？無礙是什麼呢？「萬行」。

菩薩利有情的時候，自修、他修無量法門，叫萬行菩薩。你證得了圓通的體，起了沒有作用的妙用，無作的用叫妙行，就是作而不去起念、不去執著，就叫「作即無作」，就叫妙行。

普賢菩薩十大願王、文殊師利菩薩十大願、觀世音菩薩三十二應乃至十四無畏、四不思議法，這些都叫萬行。我們現在講《楞嚴經》的楞嚴定，爲什麼不叫定？而是叫「楞嚴」？因爲他的涵義很廣。定即是慧，大定的智慧，慧即是定，也不叫慧也不叫定，叫三摩地，三摩就是智慧的定，定慧圓融、流入菩薩智慧海，菩薩智慧海就是佛海、就是薩婆若海。

「首楞嚴」是梵語印度話，翻我們中國話叫「大定」，一切定的總名就叫大定。一切定圓滿了，叫「妙舍摩他」；或者叫「三摩地」、或者叫「禪那」，這叫別名。「首楞嚴」是總名，別名「妙舍摩他」、「三摩地」、「禪那」，有這三種別名。「首楞嚴」一定而具足三種，不是一般的定、不是修證引起的那個定，所以叫大定。

我們是對境觀心，這個定則是自性本體的定。一切事究竟堅固，任何事都究竟了都堅固了。什麼意思才能一切事都堅固？一切都在定中、一切事堅固，任何事物不能破壞，一切都在定中，這就叫楞嚴定（首楞嚴定）；這是體性的定，一切定的總體。

佛解釋首楞嚴，一切事究竟堅固，任何事達到究竟堅固，就是徹法之根源，這是說明的理體。這種定叫什麼定？圓定（圓滿大定），自心法性的理體本來不動的，能統攝萬法，而不被萬法所動。

我們儘管在六道輪迴，經過很多苦難、經過無量劫的流轉，本性的大定從來沒有動過，再恢復你的本性就可以了，這叫本定。所以叫妙定，不可思議的定。這個定不是修得來的、是自性本具的，永遠不會動、不假修證。雖然我們現在都迷了，有各種的惑；但是我們定的本體沒動，不失掉也沒有動，這叫圓滿。

《楞嚴經》前半部談的是如來藏性，啓發圓通、開發圓通。後半部《楞嚴經》說究竟圓通的義，修證如來藏性。不論是前段或後段，此經只講一個字：「定」。初定、中定、大定還是定，就叫三定、也就是三佛性，三定就是三因佛性。名詞有「奢摩他」、「三摩地」、「禪那」，這是全經的大意。

總釋五蘊的陰魔

大佛頂首楞嚴經　卷第九下

即時如來將罷法座．於師子牀．攬七寶几．迴紫金山．再來凭倚．普告大眾及阿難言．汝等有學緣覺聲聞．今日迴心．趣大菩提無上妙覺　吾今已說真修行法．汝猶未識．修奢摩他．毗婆舍那．微細魔事．魔境現前．汝不能識．洗心非正．落於邪見．

佛將罷法座，說法已盡，佛說法已經說完了。你們這些有學的人、聲聞、緣覺，現在都迴心了，趣向於大菩提，想成如來果、無上妙覺，想修行，我現在跟你們說完了，「吾(我)今已說眞修行法。」前面所講的都是眞修行法。

若想修奢摩他的自性定，「汝猶未識」，你們現在還沒有認識到「微細魔事」。毗婆舍那是照，於智慧中微細的觀照，這就是定跟慧。但是在這中間，不要以邪為正。這裡頭是很微細的，不要以妄作眞，不要拿假的當眞的，不要拿邪的當正的。

或汝陰魔．或復天魔．或著鬼神．或遭魑魅．心中不明．認賊為子．又復於中．得少為足．如第四禪無聞比丘．妄言證聖．天報已畢．衰相現前．謗阿羅漢．身遭後有．墮阿鼻獄．汝應諦聽．

以下說的是陰魔。五蘊的魔難障礙你修道，「或汝陰魔」，這是內心、內性的。「或復天魔」，這是外來的。或者執著鬼神；或遭小鬼魑魅魍魎，心中沒有智慧的力量，辨別不清楚，拿賊人當兒子，「認賊爲子」。又復於中，得少爲足。」就像第四禪天沒有聞法的比丘，「妄言證聖」，這是要受報的。等他衰相現前的時候，「謗阿羅漢，身遭後有」，衰相現前，謗阿羅漢就墮阿鼻地獄，這叫十種心魔。

心魔就是五蘊的識蘊所發生的十種見魔。沒有實際的外境，而是內心妄生的一些邪見，得少爲足。因爲自己所修的滿足了，第四禪天的無聞比丘就犯這個錯誤。「妄言證聖，天報已畢」，報盡妄想現前，這時候他謗阿羅漢下地獄。

另外，在〈大智度論〉上講，有一個比丘師心自修，以他的心作老師，沒有多聞、沒有廣聞的智慧，對於坐禪、修行的次第也不了解。他修的是初禪的功力，說自己證了初果，乃至修了四禪說證得四果了，感他命終的時候，他見了中陰身，產生一種邪見，謗誹沒有涅槃。阿羅漢以這個謗誹的因緣墮地獄，墮阿鼻地獄。

這是佛給阿難說的，「汝應諦聽」，你應當好好的如理思惟，別把魔境當聖境。

吾今為汝子細分別．阿難起立．并其會中同有學者．歡喜頂禮．伏聽慈誨．

「吾今爲汝子(仔)細分別。」要開始修行的時候，我給你詳詳細細的分別，什麼叫魔事？什麼叫魔相？這是非常幽深難見的。幽是幽暗，深是深遠，很微細的修道的五十種陰魔，五蘊之魔。

「阿難起立，并其會中同有學者，歡喜頂禮，伏聽慈誨。」修定之中有很多的魔事，你要能分別清楚，不要著魔。阿難及大衆聽了非常的感動、非常的歡喜，請佛教誨。

色受想行識五蘊，每一蘊都會產生虛妄的魔障。修道的時候，你可別當眞，這叫五蘊魔。這裏頭又分了很多的科：驚動諸魔，由於定力；成就破亂，由於迷；推眞妄生滅相關，示大定致魔之相；先明本覺同佛，次示妄生空界；比況空界微茫，歸元必壞空界。

這些標題，我給大家念一念，在文中會詳細分析佛的教授。

色蘊的十種陰魔

佛告阿難及諸人眾．汝等當知有漏世界．十二類生．本覺妙明．覺圓心體．與十方佛．無二無別．由汝妄想．迷理為咎．癡愛發生．生發徧迷．故有空性．化迷不息．有世界生．則此十方微塵國土．非無漏者．皆是迷頑妄想安立．

因為佛了知阿難與聞法人眾，有懇切的發心。佛就告訴阿難，你們應當以你們的智慧觀察，認識有漏世界的十二類眾生。這些眾生是由於他的惑業現前。由業所招感的報，就叫有漏。這是有為法，不是無漏的無為法，所以這是有漏世界，不是無漏世界。

十二類眾生，他的心體，「本覺妙明，覺圓心體」，本來一切眾生心，與佛無二無別，眾生與佛都是一個心體，十方一切諸佛、十方一切眾生無二無別。虛妄是怎麼產生的呢？妄生空界，「由汝妄想」，把眞理給迷了，這就產生過患了。「癡愛發生，生發偏迷」，由癡愛而發生。因為迷了理了，由癡愛而發生的；由這個生就迷惑了，因此才有空性的產生。

「化迷不息，有世界生」，「不息」就是不止，迷而不止，產生世界眾生。因迷而生。「則此十方微塵國土，非無漏者，皆是迷頑。」除了證得的大阿羅漢果之外，剩下的都是妄想安立的，都是迷頑的，迷失本性頑固不靈。

癡愛是怎麼發生的呢？無明就叫癡，虛妄而知，不如實知眞如一法，一念不覺生三細，就是這一念產生的業轉現三相，所起的貪、瞋、癡，就是三業。在微塵國度裏，沒有證得無漏的都叫迷頑，這也是妄想的安立。

當知虛空．生汝心內．猶如片雲．點太清裏．況諸世界在虛空耶．

世間最大是什麼？虛空。空還不算大，那什麼最大呢？本覺的妙明眞心。在太清裏，清浮之氣上生為天；這個清浮之氣上生於天，道教稱這個為太清宮，這是道教所信的。

汝等一人發真歸元．此十方空皆悉銷殞．云何空中．所有國土而不振裂．

佛對阿難說，「你們當中若有一人迴光反照，照汝的眞心。」我們經常講「歸元無二路」，這個歸元只有一個，返本歸元。歸元就是不迷了，迷盡了還源。

這就是《華嚴經》講的妄盡還源觀。你觀妄盡還源了，十方一切都是頑空，頑空銷殞；在那頑空殞滅的時候，就返本還源了。虛空是因爲迷妄而有的，不迷了就空性達到了，達到空性就不迷了。無迷就無妄，有迷才有妄。

眞顯現了，妄就破了，眞現妄破，妄滅眞顯。所以在頑空之中，結暗爲色（參考《楞嚴經寶鏡疏》卷九），色爲國土，有國土就有世界，這世界就這麼生了。一人發眞歸元，十方世界悉皆銷殞，這是《楞嚴經》的特點。

說十方諸佛，只要能悟得虛空的原理，成道了、悟得原理了，那這個虛空歸元無二路，也就是所見的這個空性。歸元的意思就是衆生所見的、諸佛所證的，因爲衆生眼裏有翳，就有業。等你的業消了、妄盡了，還源了。這在《華嚴經》講的是妄盡還源觀，這叫眞妄生滅的相，現在就開始講的眞妄生滅相，說一人「發眞歸元，此十方空皆悉銷殞，云何空中，所有國土而不振裂。」

汝輩修禪飾三摩地．十方菩薩．及諸無漏大阿羅漢．心精通溜．當處湛然．

這是講修禪定的。佛教導我們，如果想修三摩地、修禪定，最重要的是，「心精通溜，當處湛然」。這是說你在行、住、坐、臥，不論任何時間，亡塵照理，與塵隔絕。照理呢？照是你的心，觀心！不要昏沉、不要散亂，習禪定時的兩個敵人，一個昏沉、一個掉舉，這是總說。

修禪定的這個功夫，你最初練習的時候，第一個先練習坐，因為坐能夠讓心定下來。其實這個禪定，不論行、住、坐、臥，乃至在走路當中，你也可以修禪定。現在在緬甸、泰國，他們修動中禪，像跳舞一樣，動一動，他是在修禪定。修禪定主要是修你的心。如果心靜下來，能夠使我們思想減少；思想不複雜、不混亂心就能夠靜下來。如果你能夠時時的不要昏沉，昏沉是禪定的大敵人。一般人修禪定一坐下來就昏了，心一靜下來就昏了，這樣是修不了禪定的。

禪定是一個照明的功夫，在你行走或者坐著，乃至於睡覺，你的心隨時照了理。這是說理的話，亡塵歸理。我們一般的人先消滅雜念；雜念就是思想很複雜的，靜不下來；靜不下來，明就發不出來。像水，若是很混雜的時候，照不進影子。水一清涼下來靜了，靜下來了才能照外物。我們那個心要使它靜下來，不雜、不散、不亂。

前頭是總說，但是修禪定的魔障非常多。爲什麼我們要修念佛三昧？仗佛力。禪定是要你一念不生，我們辦不到。我們用一念止一切念，禪堂的功夫就是這樣。念佛是誰？找這個原因，「誰在念佛？」這叫參話頭。話頭，你可以隨便拈一個話頭，因爲你的心總是散亂的，先制心一處，攝一切念歸心，完了再糾察這個心。好比你參禪，「誰在參？能參的是誰？」你就這樣來找原因。若到一念不生，湛然虛明，就叫「心精通溜」。湛然是定的意思，以定來攝。

一切魔王及與鬼神諸凡夫天‧見其宮殿無故崩裂‧大地振坼‧水

陸飛騰・無不驚慴・凡夫昏暗・不覺遷訛・

這是總說禪定。三界一切眾生，欲界、色界、無色界、有情眾生，在心要定下來的時候，要想修道的時候，會有些干擾。因爲修禪定是靠自力；念佛、念菩薩聖號是仗著他力，那個時候魔就很少了。自力的時候容易引起魔障，若想習禪定，你要先懂得魔事，以下就講魔事。

先講諸天，從六欲天到四禪天，乃至於一切外道、一切宮殿，這是講鬼神的。說你修禪定也好，自己修一切道力、念經誦經，都有外力魔力，先把魔講好，完了再說修行。

魔是擾亂成道者的心，你要想習禪定，先懂得降伏魔的方法。如果你落於魔難了，禪定沒有修成，著了魔了，魔會來擾亂你修道的。想修道，要先認得魔、一切魔王，還有些鬼神，還有凡夫天。

「見其宮殿無故崩裂。」這是說魔王的宮殿、鬼神的宮殿，不曉得爲什麼就崩裂了？「大地振坼」，大地也在開裂，這是地震。地震怎麼來的呢？經過多少年了，不是一百年、二百年，而是無量劫，大地自然開坼了；乃至水裏的魚鱉蝦蟹，陸上的一切獸類，無不驚慴，生大恐怖。

這時候「凡夫昏暗，不覺遷訛」，凡是六欲天、四禪天、外道天、無想天，全屬於凡夫；阿羅漢所住的天，那就不屬於凡夫了。這種天地崩裂是自然的現象。水陸的飛騰，一切衆生遇到這種災難的時候，自然生起恐怖感。這就是我們所說的天塌地陷，現在還不到那個程度；就以地震來說，我們所知道的地震，或者水災、風災、火災，這一切災害降臨的時候，你還能修禪定嗎？

修禪定是總。當遇到這些災害的時候，魔王如何呢？魔王是指欲界天說的。欲界天的玉皇大帝，忉利天跟他平行；欲界天以上，梵天沒有魔了。魔只到六欲天，跟六欲天的天平行，六欲天以上沒有魔天了。魔雖然只到六欲天，但是魔有魔王，也有魔臣、魔民、魔鬼，還有些夜叉羅剎，惡鬼神。

天道為什麼也有鬼神呢？大力鬼神有天之福，沒天人之德。他也行布施、持戒，也行忍辱，但是瞋恨心特別重。他的福報很大，也作布施，也利於人民，但是德不夠，所以成為魔羅。

一但無緣無故的宮殿崩裂，這就是自然災害。他感覺宮殿的崩裂，

「大地振坼」就是天塌地陷，這是人間的地震。天有時候也破裂，陰陽失度，這是大自然的現象，我們所知道的水災火災風災，這類叫天災。

彼等咸得五種神通．唯除漏盡．戀此塵勞．如何令汝摧裂其處．是故鬼神及諸天魔魍魎妖精．於三昧時．僉來惱汝．

這些鬼神有五種神通，除了阿羅漢的漏盡通是證得修得的，其它的通他們都有，這是福報所感的。

他們貪戀這個世界，是他的業障所感，感到所住的宮殿破裂，這類的鬼神跟天魔，「魍魎妖精，於三昧時，僉來惱汝」，惱害修道者。

前頭不是講修定嗎？這都是解釋修定的。在你修定的時候，這些鬼神來干擾你，或者大自然的災害使你修不成。這些天魔鬼神他們有神通力量可以干擾你，以你這樣的定力還能修嗎？

除了大自然的災害，遇到這些鬼神來干擾你的時候，你如何處理？行禪定的修行人，遇到這些災難的時候，你如何處理？

然彼諸魔，雖有大怒，彼塵勞內，汝妙覺中，如風吹光，如刀斷水，了不相觸。汝如沸湯，彼如堅冰，煖氣漸鄰，不日銷殞，徒恃神力，但為其客。

這些魔王的瞋恨心特別重，他們在「彼塵勞內，汝妙覺中，如風吹光，如刀斷水，了不相觸，汝如沸湯，彼如堅冰，暖氣漸鄰，不日消殞，徒恃神力，但爲其客。」那些天魔見他的宮殿，無緣無故的崩裂，就生起大煩惱了。

對修道人說，在塵勞之內，「如風吹光」，風能把光明吹過嗎？這是形容修道人不爲所動，如天塌地崩，定力不退轉。現在風災大，光明是吹不斷的，拿刀來斷水，能把水切斷嗎？水是刀能切斷的嗎？這是形容詞。「了不相觸」，這個時候他們兩個解決不了問題的，不能融合到一起。

「汝如沸湯，彼如堅冰」，說修道者就像那鍋滾開水似的，天魔外道來破壞你，他卻像堅冰一樣。開水跟堅冰兩者是不相融的，看哪個力量強？沸湯力量大，堅冰就化了，如果沸湯的力量小，堅冰的力量大，那這沸湯也變成堅冰。

以修道者的定力能戰勝魔軍，戰勝這些災害，把他們都消滅了。修定的人不爲外魔所擾動，一切災害天崩地裂，不動道人心，心不爲所動。一切的塵勞都屬於生滅法，都屬於邪行。修道人的妙覺眞常心，不被這些天魔、外道、鬼神所動搖。邪不侵正，修道人的妙覺眞心，正定的定力，不爲一切邪所侵。不管天魔外道也好，天崩地裂也好，你的心不動搖，這是了不相融的意思。你的心不爲一切迷亂，而轉動你修定的心。大家修定的時候，幻境很多，由於修定完全仗自力，當你沒有功夫的時候，沒有魔障。功夫越深，那些障礙的力量越大，如天崩地裂、山塌下來，你還能定得住嗎？就是這樣的意思。

成就破亂．由汝心中五陰主人．主人若迷．客得其便．當處禪那．覺悟無惑．則彼魔事無奈汝何．

這是說持戒的人、修戒的人、修定的人，任何外魔干擾，不能破你的戒。外魔是擾亂你讓你的心不定，不定你還能修得下來嗎？這些叫五蘊魔。色、受、想、行、識五蘊，在你修定的時候，每一蘊有十種魔。色蘊有色蘊魔，有十種。我們學《楞嚴經》時，有五十陰魔，五蘊，每一蘊有十種魔難，這都是從蘊裡所產生的。你若能主宰了，不被一切外魔干擾，你能觀的智力、所修的定力，不論這些魔事如何，天崩地裂，不論什麼災害，不被它所干擾。

上面所講的這些魔就是指擾亂你修定的人。開始是以修禪定的人為主，客觀的以這些災來劫奪你，讓你修定修不成。

你怎麼對待這些外魔？當你處在禪定當中，禪那就是正定，在修正定的當中，你能夠面對這些魔事，以你覺悟的心不被他們所惑亂。

陰銷入明，則彼群邪咸受幽氣，明能破暗，近自銷殞，如何敢留，擾亂禪定。

這就是你的智蘊發現了，「陰銷入明」，把五蘊的境界消失了，光明就顯現了，定力就出來了。這些邪魔外道、鬼神，他們是幽冥之氣，見不得光明的，得用你的智慧光明把這黑暗破了。「近自銷殞」，不能擾亂你修禪定的。

這一段經文，總說在修禪定的時候，你會出現這些魔事，能對付得了嗎？當你修禪定、入三摩地的時候，這些魔王、鬼神來擾亂你的時候，能克服得了嗎？怎麼樣去克服他？

在你修禪定功夫的時候，會有這些現象。念佛有沒有這些現象？念佛也有，但是沒有這麼多。或是阿彌陀佛現前了，真的？假的？魔王示現的，不過念佛是仗他力的，面對這種魔障，護法神會護持你。這種現象很少，即使有，當時護法神就會現前。當遇到這些惑亂的時候，你能覺悟不迷，正念現前，那些魔事奈何不了你。

這是五蘊魔自然顯現的，你的智慧使蘊魔消失，「陰銷入明」，這些邪的幽氣，你的智慧都能破除。「明能破暗」，定力能破這些暗，這些魔事自然的消殞了，不能擾亂你的禪定。就像風吹光，風入邪魔，光則是你的定力，「如刀斷水」，你的定力像水一樣流轉，邪魔外道像刀一樣斷不了，這是形容你修定的時候，具足這些陰魔。

若不明悟．被陰所迷．則汝阿難必為魔子．成就魔人．如摩登伽殊為眇劣．彼唯呪汝破佛律儀．八萬行中．祇毀一戒．心清淨

故．尚未淪溺．

假使你不明、不悟，被這種陰暗的魔事所迷惑了，你就變成魔子魔孫了。「則汝阿難必為魔子，成就魔人。」佛跟阿難說，在你修禪定的時候，這些魔王會現種種境界相，如摩登伽女，「殊為眇劣，彼唯咒汝」，她只是念個咒，你就把佛的律儀破了。

不過在修八萬法門的時候，她只能破你一戒，其他的行門還多了，你的心清淨、不會淪溺，總破一戒還不會淪溺，也就是不會墮落的意思。

此乃隳汝寶覺全身．如宰臣家．忽逢籍沒．宛轉零落．無可哀救．

如果你犯一個罪，接受的懲處很小，關係不大。但如果是宰相的家庭，突然間被國王抄家滅門，那沒有辦法了，就零落了。如果你只受一個責罰，沒有什麼關係。佛跟阿難說，假使你只破一戒，沒有關係。八萬四千法門，你修行其他的，得到的利益還是很多；若是你毀犯多了，動了老本，抄家滅門，那就危險了。

你只是一條戒壞了，其他的清淨戒還可以補償，問題不大。假使你毀壞法身了，那恢復不了，這是要你警覺的意思。宰臣就是宰相，那是一人之下，萬萬人之上。如果是犯一個罪，處罰他一下，沒有關係；如果抄家滅門，那就完蛋了。

阿難當知，汝坐道場，銷落諸念，其念若盡，則諸離念一切精明，動靜不移，憶忘如一。

佛跟阿難說，一戒一事，傷害不大的。如果你罷道那就完了，也就是墮落下去的意思。佛跟阿難比喻時說：阿難，汝應當知道。說你坐道場的時候，「銷落諸念」，「銷落諸念」就是一念不生，一切雜念諸沒有，一切雜念諸盡了，達到離念清淨，那麼「一切精明，動靜不移，憶忘如一。」

佛跟阿難說，一切的色蘊，這五十種陰魔就是一切的境界相。一切魔來干擾你，由於你的定力成就，干擾不到你。五蘊魔都來破壞你這個主人，你這個主人不魔了，那客人就得不到便了。如果你迷了，魔一來干擾，你沒有定力都破了。

這是說五蘊的主人，若是不迷的話，魔沒有辦法，不得其便。如果主人迷了，那魔就進入了。這是形容你在道場當中，有事有理。當你觀心的時候，修理；你若在道場行走禮拜，這就是事。《楞嚴經》第七卷講解道場、講修行，三七日後取證；或者十天取證；或者修三摩地。如果你因為一事，對整個道場的損壞不大；如果整個道場破壞了，那你修不成了。說你在坐道場當中，有一事干擾，一兩件事沒有關係，你還能坐得動，還能修行下去；如果修行不去了，諸念紛飛，那就完了。

在你修行的過程中，遇見一事干擾，沒有關係，你把它克服就是了。如果是整個道場發生很多事物讓你不能修了，那就完了。

但是要斷念，離念清淨。若能離開諸念，你本具的根性就能顯現，在一切時一切處，專精不雜，不雜而不染，不染而不昧，專精修行。

說你在修行當中，你的正念不失掉，修行一定能發出光明。把你一切的念消滅，歸於正寂，入了定就是。不為昏昧所迷，「則諸離念，一切精明，動靜不移」，始終一念不失正念，一定能成。如果雜念紛飛，憶念不止，修不成。若是一切念皆盡，離念清淨，「動靜不移」。

當住此處，入三摩提，如明目人，處大幽暗，精性妙淨，心未發光，此則名為色陰區宇。

參禪的時候，參「念佛者誰？」這一念問下去，或者在念佛的時候，阿彌陀佛一念不離，一直念下去，這叫住三摩地（提）。正念不失。若一雜念紛飛，一念生起又生一念，一念又生一念，這就完了，光明不得顯現了，所以說「打得妄想死，許汝法身活」，你才能入三摩地。

佛又講比喻，如一個眼睛很好的人，眼睛清淨，住在幽暗當中。「精性妙淨」，說那根性之處（參考〈楞嚴經指掌疏〉卷九），住在清淨光處，但「心未發光」，心還沒有放出光明來，就是「精性妙淨，心未發光」，還沒有入三摩地的時候。

例如說我們修耳根圓通，耳根圓照的時候，明了一切。當你沒有深入定的時候，前頭講的那些魔，波旬也好，一切魔難來的時候，在幽暗當中，你不爲它所動；也就是說你這個性淨明心，不爲其他的境界所動。這是形容色蘊還沒有發明、沒有放光的時候，但是不爲外界的境界所動，也就是有定力了，不爲外界所動移了。

在色蘊魔的當中，你的根性不爲色蘊所動，這叫有定力。若爲這色蘊所動，就叫沒有定力，這個你自己可以考察。當你修定的時候，其他的境界相不爲他所動，專注一境。例如，你心裡觀：「念佛者誰？誰在念佛？」另外任何其他境界相，你都不動搖，只是觀這一念。但是一動搖了就破了，破了你就觀不成了。

例如打坐的時候，一下子腿子痛了，一下蚊子咬了，你的心雜亂無章、定不下來。如果外頭任何的境界相，砍你一刀，你都不管，都像沒砍一樣。可是我們定不來，沒有這種功夫。我這是舉例來說，是就這一段的經文講，那都叫魔，不是外來的，是你自心的。

五蘊，色蘊、受蘊、想蘊、行蘊、識蘊。每一蘊有十種魔，這五蘊有五十種魔。你修定的時候，內心所起的障礙，這叫五蘊魔。在任何的情況下，你不動。「精性妙淨」，眼、耳、鼻、舌、身、意這六精的體，就叫精性。

妙淨呢？明心呢？無論哪一蘊，心光沒有發的時候，也就是六精的性還沒有發光、沒有達到妙淨明心的時候；在這個時候，你看其他一切處都是黑暗的、沒有光明的。

一精發明，其他的都停下來了。這是說雖然入了定力，可是你的定力不深，還被色蘊所蒙蔽，還沒有光。如果力深了，就發明了，發明就是發光明，其他的黑暗都沒了。所以「精性妙淨」，妙淨是清淨的意思，妙淨就發明、清淨了。若到發光的時候，這個時候色蘊才沒有了，破除色蘊。沒有光還不行，例如說耳根，根沒有光，你不能洞聞（參考〈楞嚴經正脈疏〉卷六），十方的音聲你聞不到。等到發光的時候，發明了，你可以聞到十方的音聲，那就是色蘊盡了；沒盡的時候，你聞不到。功力不深是不行的。

若目明朗．十方洞開．無復幽黯．名色陰盡．是人則能超越劫濁．

功力深是什麼現象？「若目明朗」，眼睛很清淨，「十方洞開」，所有黑暗的、幽冥的，你都能看見；色蘊盡了，一切色都放光明，所以能「超越劫濁」，一切都看得見光明了。

觀其所由，堅固妄想以為其本。阿難，當在此中，精研妙明，四大不織，少選之間，身能出礙，此名精明，流溢前境，斯但功用，暫得如是，非為聖證，不作聖心，名善境界，若作聖解，即受群邪。

「堅固妄想以爲其本」，定力不深的時候，堅固妄想你破不了；定力深的時候，光明現前。光明現前就是把堅固的妄想都破除了；也就是明朗的時候，把這根本的堅固不明都破除了。什麼是諸妄的根源？就是堅固妄想。堅固妄想是妄的根本。把堅固妄想破了，那就成了。但是這個堅固妄想不是容易破的。

怎麼能夠看破一切色相呢？以修行的功力，照見色即是空，一切的色相都是空的。等你明了一切色相，覆蓋的黑暗相沒有了。一切色相是隨緣的，色相就是心，色不異心；心本來是明亮的，色也是明亮的。這個涵義就是你把迷破了，顯的是光明，迷沒破、光明不顯。色即是心，一切色相都跟心分不開的，不是兩個。色即是心，心即是空。

一般說，色即是空，空即是色，色即是心，心沒有一切相。這樣理解才能夠悟解，悟解成形了才能入三摩地。入了三摩地了，你的功夫到了，一切色相不存在了。證得你本來的妙明眞心，也就是色蘊盡了。色蘊盡了就是沒有色相，超越一切劫濁。

我們念《心經》的時候，空跟見是兩個，其實不是兩個。空是空，見是見，我們是這樣子。若見明、見暗，見跟空就是兩個了。見即是空、空即是見，沒有明暗的阻礙。那就是空即是見，一切萬法皆空。因爲我們見不到，見還達不到這個地步，若見能達到這個地步，萬法皆空，見一切都是空的；空也就是見，見即是空。色蘊還生嗎？色蘊就不生了；空見不分的時候，沒有明暗了，明暗是塵境，色空明暗。這個道理一參就懂。

佛就跟阿難說，「當在此中」，你在這個道理當中，「精研妙明」，精研不是馬馬虎虎的，而是要你精研。這個意思是告訴你，色蘊的十種魔境都是你的身見，如果你的身見除了，做不了你的障礙。「精研妙明，四大不織」，四大的網沒有了。這個時候你的身出入無礙，以極短的時間，身能除礙了，一切障礙沒有了，這就叫「精研妙明」。

「不作聖心，名善境界」，若作聖境呢？著了魔了，作聖解，受群邪；不作聖境才是善境界，作聖境不是善境界，也就是你著不著？不執著。例如說我們念佛或者修行的時候，有時候道友能見些聖境、好的境界相。看見佛相、看見菩薩來了，你不作聖境就不是魔境；一執著就是魔事。就當作平常一樣的，不起任何的執著見，這就是色蘊破了。

但是你一起執見，就被色蘊給障住了。這個中間非常微細，就在你一念之間。說你念念佛，阿彌陀佛現前了，看見阿彌陀佛現了，你根本不管，還是照樣念佛。聖境！「唉哎！我可見到佛了！」佛也不念了，馬上去禮拜了，那就著魔了。

魔跟聖境，就在一念之間。為什麼要學法？為什麼要多聽經？你會生起智慧。多聽經你就知道了；不然，有時候有感應了，佛菩薩現前了，作聖境了，道友一講就完了。這一講就執著了，本來是好事變成壞事，本來是聖境變成魔事。那就開始搞名利、招搖撞騙，就在一念之間。

所以佛跟阿難說，在此「精研妙明，四大不織」，那個網不織，「少選之間，身能出礙」，一切障礙都沒有了，這叫妙精明心。假使你「流溢前境」，在前境起一點的執著，就迷了。這個功夫就在一念之間，有智慧的能入世，不作聖證，「不作聖心」，不當聖心看。「不作聖心，名善境界。」假使要作聖解，要作聖心，「即受群邪」，這就是色蘊。看破色蘊，色蘊不給你作障礙，就解脫了。若一起念就是執著，執著就是障礙。

這種情形，古人的故事很多，大家多看看經書就知道了。過去祖師對這種境界相，有很多的記載。一切衆生妄認四大為身，我們把地、水、火、風四大當成身體，內外塵相，交相組織，內塵與外塵互相執著，這叫質礙。質就是本質的質。

如果是有定力、有精研的人，他在虛妄中，所有的聖境、所有一切外相，不作眞實相，那就解脫了。解脫跟不解脫，就是執著的問題。你一執著就不解脫；一切都看得破，放得下，自自在在、無罣無礙，這就叫解脫。一起念一執著，這就不叫解脫。

為什麼說念佛的法門比較殊勝呢？念佛沒有這些魔障，仗佛力加持，也就是他力的加持。修定的人靠自力，只是自己的功夫。念佛是佛力攝受我們，不求現生得定也不求現生出離，生到極樂世界就解脫了，在這個世界不能解脫。

在修禪定的時候，這個解脫就解脫了。若按《楞嚴經》上講，禪宗大德所說的開悟就是明白而已。明白什麼呢？放下。所有背的包袱都放下，我見、人見、衆生見、身見、他見，乃至於佛見、法見，一律皆空，那才叫做自在。

但是那個境界相非常不容易，因爲我們是衆生的身，自己給自己出障礙，身見不是自己出障礙嗎？執著身。精明的意思就是一切都不著。心淨妙明，心光發現，一切都不執著，一切都無礙，根塵的境界，一切都不相礙了。但在定中！在定中是妙門的聞性，在妙明的體性，這個要有眞功夫。如果你的功夫不到，有一點點的虛融，虛妄融合的那個虛融，就失掉了眞。假使遇到境界，修行的人起一念的執著，那就叫執著了。一念執著，一切聖境都變成魔事。一點的執著都沒有、一點的羨慕都沒有，還是平常的心情、平常的生活，如實照這個就是照性，照性照的理，那就妙心了。這是差之毫釐、失之千里。

我們現在是講破除色蘊的陰魔，五十種陰魔當中，色蘊有十魔，現在單講色蘊的十魔。你不起執著，以平常的心、平淡的心照著理性；但是妙心不是假的，非是虛妄的。增長你的信心，這個信心不是一般的，這叫破色蘊。色蘊就開始破了，這就名精明。

假使作聖境想，遇到這種境界相，認爲自己得道了，認爲得到三寶，得到聖人的證明，這就落邪了。正跟邪一念間，這就落邪了。作聖解，認爲你修道成了，其實是落邪了。我在上房（方）山的時候，那住洞的老修行，他在上房山的洞裡可以看見北京的大小街道，人來人往，像在眼前一樣的那麼清淨。他跟我講，我問他作什麼理解？他說：「看幻術！」就像看幻術一樣的，沒有什麼聖解。

還有壽冶老和尚從美國回來，坐飛機到上海，下了飛機，有哪些人去接他。後來壽冶老和尚到了五臺山，一個廣濟茅蓬的老道友就說：「你那天在上海下飛機的時候，有哪些哪些人去接你。」神話嗎？不錯！他說的完全是事實。假使作聖解，有嘛？不作聖解，無所謂。這是不是得道？不是的。

這是一種明，明眼、研眼（參考《楞嚴經正脈疏》卷九）；不是眼明，而是心明。心明而後眼明。不作聖解，這證明你的修行有力度了。作聖解就魔了，一作聖解會就是魔。念佛是假他力，或者念菩薩聖號、念佛聖號，這不是你的力量，是佛力的加持，這個不容易有魔。如果自修，作聖解就是魔難；以後就沒有了。你不是阿羅漢，阿羅漢是證得的，他開了天眼，五通、六通，有漏盡，這叫心光發明。明就是知道而已，照見。證得的呢？他不失掉。證得的，他了生死了；沒有證得的，一經發明六根圓通，這是發的精明。

阿難，復以此心，精研妙明，其身內徹，是人忽然於其身內，拾出蟯蛔，身相宛然，亦無傷毀，此名精明，流溢形體，斯但精行暫得如是，非是聖證，不作聖心，名善境界，若作聖解，即受群邪。

「於其身內，拾出蟯蛔」，修道人有這種境界，肚子裏有蛔蟲，這麼一抓就抓出個蛔蟲，擱在桌子上，你信不信呀？不信，眞的！事實是這樣子。他的身體沒有幹什麼，但是他這麼一抓就抓出蛔蟲來。「身相宛然」，沒有傷也沒有毀，這叫精明。

佛講精明是什麼涵義呢？說這個人這麼一抓，就抓出個迴蟲，你抓不出來，你不精明，他精明了。

「流溢形體，斯但精行」，這是暫得的，不是聖證，沒什麼了不得。

我在西藏的時候，有一位喇嘛專門在賭場賭錢、喝酒，都說他有神通，了不得。有一個人求他說：「師父啊！你把我送到極樂世界。」他說：「好。」他把手指這麼一彈，這個人就死了，他家裏的人就來找麻煩，跟他鬧。他說：「沒有關係，我把他叫回來就是！」好了。但是這位喇嘛成天在賭場，一天喝酒不斷，有好多人給他磕頭。有幾個色拉寺的道友拉著我去，他們問我：「他如何？」我理都不理他。

我說，到極樂世界是自己修行的，他一彈把你送極樂世界，一彈又把你拉回來了，這是開玩笑的，這樣就把佛法輕易化了。大家看〈濟公傳〉，道濟禪師他是成道的，但是編濟公傳小說的可不是那個道濟禪師。

他一天吃狗肉、喝酒，這叫逆行，不可取。有些師父說：「我們學他！」你學吧！你學他非下地獄不可，逆行的不是通行。像這段經文說，從他的身體突然間抓仕迴蟲，佛跟阿難說的，這是不是成聖了？是不是作聖境會？不要作聖境會、不作聖解，應當如是理解。佛在《楞嚴經》教導的非常清楚。這對現在非常有用處，你如何認得魔？這都是魔。

「精研妙明」，精研就是能觀的智慧，妙明是所觀的聞性。能觀的智慧，觀這個所智性。能觀的是慧，觀的時候，聽聞的聞性，功夫用久了，內明，內裏頭光明能徹的，這有神通了。拿出迴蟲，這是神通，但是別作聖解。作聖解就是魔事，不作聖解，說他能破五蘊魔的先前之兆，這是五蘊將要破的一個顯示而已。作聖解就是魔，不作聖解沒有關係。

現在講的是精神跟物質。精神就是我們的心，物質是你的肉體。肉體跟心兩個結合在一起，也就是魂魄。我們這裡所講的聖境，等修行有了功夫，你的精神跟肉體分開了。我們現在是精神寄託於物質，物質依託於精神。以這個道理對社會上的人講，他能明白，若是用《楞嚴經》上講的，他不明白了。所以要跟他們講法，你的語言得改變一下。

七魂六魄，這是道家的說法，儒家說的是神魂。在我們佛家說，魂即是心，是心裡頭的變化，精神跟物質分開了，精神跟物質合一了。這樣來理解經文，你就容易明白了。

現在這裡講魂魄，魂不是魄，魄不是魂，魂魄也不是你的心，是蒙蔽心的。跟心是一體？不是的。那是兩個嗎？也不是的。合也不成、離也不成，這樣來理解經文，你就能有入處，不然你沒法證入。精神與物質，經上講，精神不是物質，物質也不是精神。世間上，你這樣講，他能信嗎？他能懂嗎？他沒辦法懂。再經過我們這麼一分別，那就更嚴重了。

五十種陰魔，我們現在講的是色蘊的十種陰魔。受呢？想呢？行呢？識呢？共有五十種陰魔，這五十魔從哪裡來的？不是外來的，就是一心所現的。不過是分析這個心，分析起來有些不同，是不是這就包括完了呢？沒有。你一天當中，從早晨到晚上所有的想法，想法發之於語言，也發之於你的身體，那不止五十了，只是舉其大數，色、受、想、行、識的五蘊，就是你身體、心理組成的部份，有這麼多的組成。如果你沒有學佛，能理解嗎？

道家講三魂七魄，儒家也如是說，佛家可不是那麼講了，當人的肉體不在了，你的精跟你的魂分離了。再簡單的說，精神跟物質離開，你的肉體是物質，如果沒有你的精神來指導，這個肉體只是血、肉、骨頭，什麼作用都沒有，如果加上你的精神在裡頭，那就變了。你應當用這個思想來學，不然你不容易進去；不容易進去就不容易明白。也就是你的精魂跟你的物質兩個合了，可以生起很大的作用；要是離開了，什麼作用都沒有了，消失了。

這是講精神魂魄跟物質的離合。

又以此心・內外精研・其時魂魄意志精神・除執受身・餘皆涉入・互為賓主・忽於空中聞說法聲・或聞十方同敷密義・此名精魄・遞相離合・成就善種・暫得如是・非為聖證・不作聖心・名善境界・若作聖解・即受群邪・

「又以此心，內外精研，其時魂魄意志精神」，來支持你這個身，其餘的涉入部份，互爲賓主。有時是客人、是賓，有時是主人。在這個空中裡面，你聽到說話的聲音，聞說法聲，聲聞十方。但是這裡頭顯的是密義。精魂和魂魄，互相的離、合，離的時候沒有作用了，合的時候生起作用。善惡、好醜、做好事跟做壞事，在這上面就不分了，都是你的心，一時魂魄去作的成就這些善業。

有智慧的人理解這些東西，說你五蘊所表現的，不是聖證，不是修道開悟。開悟前的魔，認得他，不為他所害；你不執著就是聖境，你一執著就是魔業，也就是心的認識。

假使不作聖心是善境界，現的境界相是很好的；若一作聖解了就是群邪，那就入了魔了。你坐禪的時候，因為你的心一靜下來就顯現出很多的事物。經過你內外精研，內是內心世界，外是肉體，有時候肉體是主人，精神是客人；有時精神是主人，肉體成了客人；就在這個中間，你聽到說法的聲音了，有時乃至於是其它的聲音，這裡頭含了很多密義。不是明顯的就叫密，這就叫精魄。

魄有七種，魂有三種，也就是所謂的三魂七魄。它們離的時候，什麼效果都沒有了；它們合的時候，產生許多作用。假使你一起執著，生起邪見，叫陰魔；若不執著，無論什麼境界都不執著不作意，是善境界。假使你認爲我修成了，我得了神通了，得了妙用了，那就著了魔了。

我們習禪定的時候，在定中見到很多境界相，不作意不作聖解，這是心定下來了，現一切境界相。例如說水，你定下來能照見一切相，心已經有定的成分。假使你認爲我修成了，這就麻煩了。地靈人傑，我們所知道的大地，得假天；天沒有，是氣蒸發的，蒸發自大地；陰天，你怎麼理解？晴天，太陽出來一點點，刮風下雨，雲霧遮蓋了，太陽沒有了，光明也不顯現了，這是外頭的變化。

三魂七魄。精神意志上升的時候叫魂，精神下沉的時候叫魄。上升有三種，下降有七種，三魂七魄，爲什麼要懂得這些呢？這是世間相，他們是互相作用的，魂上升跟下降的時候，情況完全不同了。當肉體沒有的時候，魂魄回到你生前所在的地方，這類是哪一類呢？善惡不涉，善也不太重、惡業也不重。惡業不重不下地獄，善業不重不能生淨，不能生淨佛國土，這叫魂魄。

遊魂，最多經過七個七，七七四十九天就歸了，不會再漂流了。感造惡業重的，當你這邊一死一嚥氣，那個魂魄就直接下阿鼻地獄了。善業重的，如果一心念佛的，佛就接引你到淨佛國土去了；沒有到淨佛國土也上生到天界。天不是講一層一層的，你跟哪個業，哪個熟，就到哪個地方去了。但是在你這個時候神識回轉，有說佛說法，這是你的定力。這個不是死亡的時候，說你在定境當中十方現境界相；或者說法的，或者入哪一道的，那就看你當時的業感。

又以此心．澄露皎徹．內光發明．十方徧作閻浮檀色．一切種類．化為如來．於時忽見毗盧遮那．踞天光臺．千佛圍繞．百億國土及與蓮華．俱時出現．此名心魂．靈悟所染．心光研明．照諸世界．暫得如是．非為聖證．不作聖心．名善境界．若作聖解．即受群邪．

說這個澄淨的心，「澄露皎徹」，心像大圓鏡子一樣的發出光明，在「十方徧作」。你看這十方世界，閻浮檀金；閻浮檀金就是有一種金子叫閻浮檀金，閻浮檀金不是黃顏色的，而是紫墨金色，我們塑佛像並不是純黃的，那叫紫墨金色。

「化為如來，於時忽見毗盧遮那，踞天光臺，千佛圍繞，百億國土。」百億國土就是說這個心的內光發明了。發明這光是什麼顏色呢？像閻浮檀金色一樣。一切種類了見自身，「化為如來」，你自己在定中的時候感到自己化為佛，這個時候就見到「毗盧遮那，踞天光臺」，坐在千葉蓮臺上，有天臺千佛圍遶。

大家受菩薩戒的時候，千佛臺上，盧舍那佛，坐在千葉蓮臺。「一華百億國，一國一釋迦，各坐菩提樹，一時成佛道。」這是現相，「百億國土」，國土很多，「照諸世界」。

「及與蓮華，俱時出現，此名心魂」，不是聖境也不是魔境。哪裡來的？心魂。坐禪的修行人，靈悟心光發明，研明照一切世界。「暫得如是」，這叫幻化境界，不是聖證。假使你作聖證了，「哎呀！我修道修成了！」魔了，這就著魔境。不作聖境會，就是聖境。

這種境界我想大家沒有。境界是幻化的，像我們打坐也好、作夢也好，功夫用得好，會見到聖境；或者到一個蓮花池裡頭，你自己坐那個蓮花很高興，因為你經常想念阿彌陀佛蓮池海會，你就在那想；不是佛弟子作不到這個夢，從來也沒想過，他怎會作這個夢？修道的人才作這個夢，到什麼境界？就現境界相。不執著是聖境，一執著是魔，這是色蘊魔。

禪定的心，因為你精研的用功，微妙的心發生妙明的相，就有這些相。內光發明，我們每個人都具足佛的性，本覺的理所現的覺相，說在十方無情世界都變了。假使你起貪念，「哈！我修成了！」魔！不貪戀，無所謂，照樣修，這是善境界。若一作聖境界，就是邪。不作聖會，就是善境界。這個心可微妙了。

又以此心．精研妙明．觀察不停．抑按降伏制止超越．於時忽然十方虛空．成七寶色．或百寶色．同時徧滿．不相留礙．青黃赤白．各各純現．此名抑按．功力逾分．暫得如是．非為聖證．不作聖心．名善境界．若作聖解．即受群邪．

當你定下來的時候，空變成色。「精研妙明」，發生境界相，「觀察不停」，你能夠降伏。「制止超越」就是不起一點妄想的清明之心。忽然之間，「十方虛空，成七寶色」，金、銀、琉璃、瑪瑙，這是一切的寶色，也有青黃赤白的，互不相礙。這就是「抑按」。

「抑按」是怎麼來的？就是你坐禪中所顯現的功力。發明智慧，智得如此，不是聖證，是幻化的。不作聖心，自己不起念就是了，這是聖境界，好現象。假使一說，「好，我修成了！」完了，是魔了。一起執著是魔業，也就是陰魔，這是你色蘊所想現的。

我們一說到五蘊魔，每一蘊都有十種魔，他不是現惡劣的現相，那樣你會生起恐怖。他現的非常殊勝。你不貪戀，照樣用你的功，不成魔，沒有事。一起念一動心，就是魔。這是修行的過程，只有《楞嚴經》告訴你，怎樣辨別讓你清楚。

又以此心．研究澄徹．精光不亂．忽於夜半．在暗室內．見種種物．不殊白晝．而暗室物亦不除滅．此名心細．密澄其見．所視洞幽．暫得如是．非為聖證．不作聖心．名善境界．若作聖解．即受群邪．

「研究澄徹」，就是你那個心澄淨了，所現的精光。如果你在夜間十二點以後，夜半的時候，你坐禪的屋子突然變成白晝一樣，光明燦爛，你見種種物，這屋子全變相了，全是寶物。心靜下來了，「密澄其見」，這是秘密的。澄靜下來，所有的幽暗全現了，不作聖會，不起心動念，是善境界。一作意就是邪念，就是邪了。

任何境界相，在你禪定功夫到的時候，你能看我們這個世界，乃至看到美國，看到歐洲，看見大海，看見山河大地。你照樣用你的功，不動念。這是光說聖境，還沒有說其他的現相，只是說三寶的力量。

又以此心・圓入虛融・四體忽然同於草木・火燒刀斫・曾無所覺・又則火光不能燒爇・縱割其肉・猶如削木・此名塵併・排四大性・一向入純・暫得如是・非為聖證・不作聖心・名善境界・若作聖解・即受群邪・

你坐禪，你的胳臂、腿，變成樹了，變成草木了；或者火起大火，或者刀砍，砍虛空一樣。因爲這個肉體化成虛空，當你一有禪定的功夫，你就是拿刀來剁都沒有關係，像削木頭一樣。在這個時候不作聖境，跟前文一樣的，那就是好境界。假使一作聖境界是魔，則入群邪。

又以此心．成就清淨．淨心功極．忽見大地十方山河．皆成佛國．具足七寶．光明偏滿．又見恆沙諸佛如來．徧滿空界．樓殿華麗．下見地獄．上觀天宮得無障礙．此名欣厭．凝想日深．想久化成．非為聖證．不作聖心．名善境界．若作聖解．即受群邪．

「又以此心，成就清淨，淨心功極。」說那心淨的用功達到極點了，「忽見大地十方山河」，皆是佛國土，就把娑婆世界變成佛國土，七寶具足，光明徧滿，同時見到恆河沙數諸佛，徧滿虛空，樓臺寶殿華麗非凡，乃至下到地獄，上觀一切諸天，無有障礙。

這裡講的相都是在禪定當中現的，這叫欣厭，一種歡喜，一種厭離。若這樣想，功力越來越深，這是你想久化成的。心靜下來所現的境界相，不是聖證，莫作聖證想。「不作聖心」，那就是好境界。假使你執著，一起念，即受群邪，那就是邪境界。我們經常講善惡一念間，爲什麼呢？這是修禪人才有的，他在定中一起念，定力沒有了！

你看那水池子，若是水池很清淨，一點風浪沒有。你站那水池子看，天上反映到水池子裡頭有很多境界相。假使你一分別，或者你把那水一亂，什麼都沒有了，只看到水紋了，這是說修定的人。有這種定力的老修行，多分住在山裡頭，住洞的，住在寺廟裡、在大城市裡，很少很少，他所現的境界相不同。

我在上房（方）山的時候，有位師伯他在一個時辰之內，上海、北京等地，他看到很多人很多城市，就像一念之間頓現。他的心裡也沒有想，也沒有這些相。面對這些相，不起念，平平靜靜的，是善境界，功力顯現的。一起念，什麼都沒有了，那就是魔業，會破壞你的定力，你一起念、定力就破壞了。這都是心。

又以此心．研究深遠．忽於中夜．遙見遠方市井街巷．親族眷屬．或聞其語．此名迫心．逼極飛出．故多隔見．非為聖證．不作聖心．名善境界．若作聖解．即受群邪．

這是說定力功夫更深了，「忽於中夜」，爲什麼說中夜呢？夜深人靜，什麼聲音都沒有，你的定力才來。這時候遙見遠方，街市街巷，親族眷屬，還聽到他們說話。「此名迫心」，把妄壓下去了，所有虛妄，「逼極飛出」。因爲你那個心靜下來，逼極了，能見著一切；不作聖會，「非爲聖證，不作聖心，名善境界。」

假使你以爲自己修成了，一作聖境，「即受群邪」，就是魔。魔與佛，在《楞嚴經》講就是一念間。一動念就是魔業，他不是證得；諸佛大菩薩，那是證得。他是定力逼迫，因爲定的功夫，把那些壓住才有這些現相。這叫心光飛出，心內的光明所顯現的。

又以此心，研究精極，見善知識，形體變移，少選無端種種遷改，此名邪心，含受魑魅，或遭天魔入其心腹，無端說法，通達妙義，非為聖證，不作聖心，魔事銷歇，若作聖解，即受群邪。

「又以此心，研究精極。」靜到極點！我們經常說反聞聞自性，自己的心聞自己的性，耳根聞到自己的自性到了極點。我們念《心經》的時候，照見五蘊皆空，那個照就是反聞。當你行深般若，也就是你到了深定的時候，這是說初步的功夫。大菩薩境界相，那是運用自然的，心跟境是一，不二，能照所照是一，沒有分別心。說把那個妄逼極了的時候，在你的八識田中見性顯現，我們講一念不覺生三細，他在定的當中恢復那個三細相。感一動念，境界爲緣，變了。

不作聖解是好事情，魔事銷融；一作聖解，魔事現前。因爲功力還不夠。像這種人功力很夠的，你不作念，天魔入不了你的體。一作念魔就來了。你不作意，天魔進不來的，魔拿你沒辦法。

底下引證一段註解，這是〈楞嚴經寶鏡疏〉卷九上說的，總說這色蘊有十種陰魔，一切的念、想、相皆依境起，外頭境界相起，心念才生。現在「見對不起」，境不能給你作障礙。你不起念，什麼境都不起。身心沒有任何的障礙，〈寶鏡疏〉上說有十種。

第一種「身能出礙」，因爲你的定力、觀照力生出障礙。心精流溢，心裡頭自己流出來的，沒有障礙。流溢出障礙，身能出礙。

第二種「身徹拾虫」，說你心的反觀觀自性。從肚子拿出蛔蟲，食量透徹，就是這個涵義。內徹拾虫，反聞聞自性，把自己的肉體當成物質的，牠不是我，說你在心裡頭拿個東西來，就像我們在這拿個東西似的。

第三種「於空聞法」，神魂互涉，精神跟你的魂魄相離了，定力深了，精神跟物質互相攝入，精神變物質，物質變精神。所以那些大菩薩，山河大地草木都能說法，他把一切物質都變成他的精神了。精神變物質，物質變精神就這個涵義。精神跟那個魂識，或者離或者合，自在無礙。

第四種「見佛出現」，因爲你那個精魂，把妄都逼盡了，妄盡通空。妄一盡了跟虛空一樣的。遠近沒有了，所以能夠現諸佛，能夠見諸佛。

第五種「空成寶色」，本來是空的，你觀察了，虛空現出一切色相，色相還是空的，色相變成虛空，虛空變成色相。

第六種「暗中見物」，定心澄清，沒有黑夜白日，精光不亂；精神跟物質、光明跟黑暗，同爲一體，所以夜間你能見一切物，暗中見物。

第七種「燒斫無覺」，身同草木，因爲定力的關係，四大虛融，身體是地、水、火、風，跟地、水、火、風相合無障礙。入火不焚，入水不淹，心跟物質合了，到水是水，水不淹水，到火是火，火不燒火。

第八種「偏見無礙」，淨心定力到了極點，十方上下、無量諸天，乃至把十八層地獄都無障礙了。

第九種「遙見遙聞」，無論離多遠，你能聽得見，能見得到；也就是六根互用，根跟身相通的。

第十種「妄見妄說」，邪心魑魅魍魎，妄見妄說，觀一切鬼神。這第十種妄見妄說是魔力，當你定力欲成的時候，色蘊將破還沒有破，引動魔事，所以說妄見妄說，一切魔事現前。

阿難．如是十種禪那現境．皆是色陰用心交互．故現斯事．眾生頑迷．不自忖量．逢此因緣．迷不自識．謂言登聖．大妄語成．墮無間獄．汝等當依如來滅後．於末法中．宣示斯義．無令天魔得其方便．保持覆護．成無上道．

「禪那現境，皆是色陰。」五蘊當中的色蘊，這十種是魔，魔破了，障礙沒有了。五蘊魔當中的色蘊魔破了，色蘊破，色不能給你作障礙，一切皆通。神通神通，神就是你的心，心無罣無礙就是神了，所以就通了，一切無障礙。

凡夫則神不守舍、不能高度集中，人有時候精神高度集中，精神變物質、物質變精神。我們這裡講一切物質都變成精神，是精神使物質產生變化的。我們一切衆生沒有這個力量，為什麼？精神變物質了。精神變成貪、瞋、癡、愛，五欲境界都把你障住了，你障你通不了，迷了就是害，悟了就是利，就是成道了。

「衆生頑迷，不自忖量，逢此因緣，迷不自識，謂言登聖，大妄語成，墮無間獄。」秉性頑頓的，頑頓就是迷。不知道自己遇到殊勝因緣。怎麼說的呢？我們凡夫也有用功用到相應的時候，這就叫用功相應。不管你修什麼法門，用到相應了，你知道這個不是成就的。臨時的偶然之間把妄降下去，在一剎那之間眞現，認為是悟，那就糟糕了。不理、不執著、不起念，那就是聖境。

如果不了解這種境界，或者有一時的相應，心跟物質都離開了，剛得了一點定力，自己不知道，就驕傲地認為成道了，不自量力，「不自忖量」。逢了這種因緣，迷了而不認識，說「我成就了！開了悟了！」得大妄語，那就下無間地獄。

這類人很多。你跟他說，他信嗎？他不信。修道剛剛有點收獲，他說：「酒肉穿腸過，佛在心頭坐。」大吃大喝！很多喝酒吃葷的和尚，他說他成就了，吃葷沒有關係。既然沒有關係，何必吃呢？既然沒有關係，那吃素不是一樣的嗎？明明是貪口味貪吃，他還說沒有關係，那不下地獄嗎？有這個本事他不說，他也不會這麼做。

衆生的頑迷，迷就成了惑害。他不考慮自己的功力，完了說吃肉喝酒不犯戒的，那就下地獄。吃肉喝酒，本身罪過沒有那麼大。說不犯戒，這個罪可就大了。下無間地獄是說是大妄語，下無間地獄。因爲這個滅佛法，謗佛謗法，下無間地獄。本來喝酒吃肉沒有那麼嚴重，但是一說這個事不犯戒，說是佛說的，這就是犯戒了。這個戒比那個都重。

佛對阿難說，當你修禪定的時候，有些境界現前，那是色蘊的魔，是你心所起的，心魔所現，所以現這些境界相。一切衆生頑迷，不自忖量自己。若遇到這種因緣，因爲迷而不認識自己，說自己成道了，登聖了。問題是在說自己成道登聖，這個大妄語，犯無間罪。喝酒犯輕戒，吃肉不犯戒，不見殺、不聞殺、不爲我殺；菩薩戒則生慈悲心，大慈大悲的菩薩，怎麼還能吃衆生肉，那是叫心戒制的。

但是，你說這個不犯戒，不墮地獄，這個罪惡就大了，這叫謗法。破戒了不下地獄嗎？沒有罪嗎？哪有這個事。犯了國家法律，還說不犯罪，這就叫顛倒。說自己成就了，「酒肉穿腸過、佛在心頭坐」。就說自己登聖了，這是很大的妄語，墮無間獄。

佛對阿難說：「汝等當依」，佛滅度之後，在末法，把這道理說給一切衆生。因爲若是衆生都明白，天魔外道就得不到方便，這都是魔子魔孫的。說這些話、做這些事，都是魔子魔孫的。魔王歡喜，若魔王「得其方便」，那道還怎麼成呀？所以要「保持覆護，成無上道」。

受蘊的十種陰魔

阿難．彼善男子．修三摩提．奢摩他中．色陰盡者．見諸佛心．如明鏡中．顯現其像．若有所得而未能用．猶如魔人．手足宛然．見聞不惑．心觸客邪而不能動．此則名為受陰區宇．

這是把五蘊魔的色蘊魔破了。佛對阿難說，如果說修觀、修止、修定力的人，止觀雙運，色蘊盡了，到這裡色蘊已經破除了，「盡」是破除。破除色蘊就是證得了，「見諸佛心」，得到見地，能夠見到佛的心，就像一面大鏡子在空中能見其像，見到眞實相，如鏡中像。

「若有所得而未能用」，假使「若有所得」，得了就要用，「而未能用」，因爲這個證不是眞正的證，是相似證。若菩薩證得這個法叫相似位，他並沒有明心見性，沒有悟得。所得的就開始發明自己能夠進入，得了就是開悟，這個就明白了。色蘊破、見佛心，就像見鏡中像一樣的，不是見到眞正的佛身，如鏡中的影像。所以說，若有所得，即使明白，也是見鏡中像。

這個不能有受用，「而未能用」，鏡中影像雖現，而不能動作自如了，不是眞正得的。登初地菩薩眞正證得了，那可以隨便運用，與佛無二無別。這個是不通的。

雖然是色蘊破了，但是受蘊還覆蓋著。佛向阿難尊者說，色蘊的十蘊雖然破了，受蘊的十蘊還沒有破，還不能自由。雖然見聞不能迷惑你了，但是你的受蘊還在，受蘊還不能自在，還不能運用。見聞不惑、心不能動，受蘊還存在。受蘊的形相是什麼樣子呢？以下就講受蘊的形相。

若魘咎歇．其心離身．返觀其面．去住自由．無復留礙．名受陰盡．是人則能超越見濁．觀其所由．虛明妄想以為其本．

以下講受蘊。色蘊的魔破了，受蘊的魔還沒有破。

說修道的人，被五蘊魔的受蘊魔所縛，受蘊魔沒有破，所以你的身心不能「去住自由」。若能達到身心「去住自由」，得破受蘊。把受蘊盡了，這個人超越見濁了，見煩惱都沒有了。

「觀其所由」，怎麼產生的？「虛明妄想」，虛明妄想爲受蘊之本。若想破受蘊，把「虛明妄想」破除了。破除虛明妄想，受蘊就破了。以下講怎麼樣破除受蘊的障礙。

阿難．彼善男子．當在此中．得大光耀．其心發明．內抑過分．忽於其處．發無窮悲．如是乃至觀見蚊蝱．猶如赤子．心生憐愍．不覺流淚．

這是講受蘊的魔。什麼是受蘊的魔呢？菩薩發了大悲心，憐愍眾生，他自己修定的時候，色蘊已盡，還在受蘊沒滅的當中，所以「得大光耀，其心發明」，這是色蘊盡了。但是發無窮的悲，這就是魔障來了，「如是乃至觀見蚊蝱」，看見蚊子蝱蟲，把它當成赤子一樣的，「心生憐愍，不覺流淚」，這是受蘊所想的。

這個時候色蘊已盡，十方洞開，觀十方沒有幽暗，都是虛明之體，得大光耀。那他的心地發明跟佛的慈悲相似，但是這個是鏡中現相，不是眞正的，如鏡中像。爲什麼呢？他有受蘊覆蓋著，說心同佛，悟得一切衆生都有佛性，觀牠淪溺了，想度衆生。乃至於見一隻蚊蟲螞蟻，他都生起大悲，都痛哭流涕流眼淚。這會招致魔難，陰魔就來了。

此名功用抑摧過越．悟則無咎．非為聖證．覺了不迷．久自銷歇．若作聖解．則有悲魔入其心腑．見人則悲．啼泣無限．失於正受．當從淪墜．

我們看見有些道友，一發大悲心，痛哭流涕，是好現象嗎？是好現象。一時還可以！有些道友一拜佛，就哭，那是魔了！入魔還不曉得，還認爲自己是大悲心，這就是受蘊的魔。因爲他的內抑過度了，本來沒有過錯，憐愍心、大悲心，沒有做錯。但是不能銷歇，悲魔入體，這叫陰魔。

如果悲魔入體的時候，「見人則悲，啼泣無限」，自己止不住，見人就哭，一定墮落。但是他自己還認爲，我同佛一樣，見人就悲。悲魔入其心膽，悲魔乘虛入，見人就悲，啼哭無限，迷失了正受。悲魔入體，悲泣無限，失於正受，「當從淪墜」。

這些現相我都遇見了，還說我講錯了，並且舉證說《法華經》上的常啼菩薩，見人就哭，自比為常啼菩薩。但是這裡的經文說得很清楚，可以辨別出來。

阿難．又彼定中諸善男子．見色陰銷．受陰明白．勝相現前．感激過分．忽於其中．生無限勇．其心猛利．志齊諸佛．謂三僧祇．一念能越．

「又彼定中諸善男子，見色陰銷。」色蘊消失了，沒有了。「受陰明白」，受蘊還在。「勝相現前，感激過分」，應當不過分。「生無限勇，其心猛利，志齊諸佛，謂三僧祇，一念能越」，一念超三祇，這是經常講三大阿僧祇劫，只在一念間就能超過。這是讚揚自已，一念頓與佛齊。

受蘊明白告訴我們，這裡的虛明境界是鏡中的現相。見佛的心，說「感激過分了，超越了！」一向隨佛，一向隨聞，一心向佛，但不是親證。色蘊盡了，生了感激心，這是好念頭；但是過分了，在這個失念當中，光現勇氣其心猛利，想頓與佛齊、修成佛位，就是這麼個心，所以悲泣不已。

此名功用陵率過越．悟則無咎．非為聖證．覺了不迷．久自銷歇．若作聖解．則有狂魔入其心腑．見人則誇．我慢無比．其心乃至上不見佛．下不見人．失於正受．當從淪墜．

功用太過了，依咎逆流造性。本來是沒有過咎的，但是不是聖人，作爲聖境。現在這個行人還不是聖人，還不是實證，得見悟才能消失。假使不是聖境，若作聖解，這要注意。我們學佛經的人自己沒有證到聖位，不能作聖解。「若作聖解，則有狂魔入其心腑，見人則誇」，誇自己大悲心，「我慢無比」，這是貢高我慢。「其心乃至上不見佛，下不見人，失於正受，當從淪墜」，狂魔得其便。

佛教導這一類人，我們有時候生大悲心，大悲心是學的，不能拿常啼菩薩來比，因爲你沒有證得，功力還不夠，那就叫妄想。那是陵魔入體了，狂魔借這個機會來到你的體。這叫什麼呢？愛見大悲，看一切衆生是父母，以爲是學《法華經》的常啼菩薩，其實是受了陰魔。

什麼叫魔？什麼叫聖境？一定要分別清楚，現在有些人就是這樣，一天哭哭啼啼的，普壽寺還沒有這種情形，外頭是有的。

表顯自己大悲心切，觀音菩薩是大菩薩，能給人解決痛苦。你能給人解決痛苦嗎？見了人，「哎呀！我同情你啊！」你給他大哭一場，你減少他的痛苦了？其實是你給他生起煩惱。有些人說自己大悲心切，見什麼都供養的；相反的，貢高我慢。佛把這類人定位爲我慢無比，他不把這個當成是修行懺悔，當成了我比別人都能、都強，大悲心切，我跟觀世音菩薩一樣了。

其實，誰的痛苦也解決不了。不但別人的痛苦解決不了，他自己的痛苦都解決不了。哭哭啼啼，那不是增加自己痛苦嗎？他的道友也好，他的師父也好，增加別人的負擔，像瘋子一樣的。若有一個人站在那邊哭哭啼啼，你生煩惱不生煩惱？

所以要量位而行，你自己是什麼地位，自己的功力到什麼地方，你就做什麼事情。不要說大話，大話誰都會說。發大願還可以，在佛前發大願、發大悲心，這個可以。要想眞正實際去做，你做不到，先悲悲自己。

又彼定中諸善男子．見色陰銷．受陰明白．前無新證．歸失故居．智力衰微．入中隳地．迥無所見．心中忽然生大枯渴．於一切時．沉憶不散．將此以為勤精進相．

現在我們講修定，多以憶念爲主。這五十種陰魔都是修定，因爲在定中顯現一切境界相，修定偏於那一方，那一方的陰魔就顯現，全是內心的作用，不是外邊境界相。五蘊，以心組合的成分來說，就是這五種。色、受、想、行、識，都是內心，不是外邊境界相。在你習定的時候，都用你心上所起的念頭。忽然生一念，忽然有一種境界相，不是外頭來的，這是內心顯現的。

這個時候說色、受、想、行、識的五蘊，在你修定當中的時候，前頭講的都是色蘊，以下講受蘊的陰魔。當你修定，自己已經懂得了，明白了，色蘊全銷了，沒有一切形相了。在禪定之中，色蘊消了，受蘊現前了。受蘊現前的時候，受蘊是新的，那色蘊舊的都消失了。這個時候漸有定力，定力就深入一層了。

所謂沉淨的心定下來了，沉淨的心憶念境界，這個境界都是內心所起的，在你憶念境界的時候，心裡不敢散亂，一散亂定力就沒有了。你的憶念消沉久了，外邊境界相沒有了，這時候受蘊就現前。色蘊銷，受蘊現前，受蘊現前是勤精進相，什麼色相的形相都沒有了。心裡頭一切相銷了，枯渴了，但是憶念不散，沈憶不散，那就假這個沈憶作爲你修行的精進相。

此名修心無慧自失．悟則無咎．非為聖證．若作聖解．則有憶魔入其心腑．旦夕撮心．懸在一處．失於正受．當從淪墜．

這個時候要修你的心，「此名修心」，就是你用功的定力，修心就是功夫往前增長了，修你的定力。「無慧自失」，沒有智慧來資助你，不假慧力，全是定力，就叫無慧自失。不是定慧相資，這時候光是定、沒有智慧來資，沒有什麼方便善巧。這時候你自己心裡明白，定強慧弱；那就是沉寂枯渴，沒有分別。定力強了，慧力弱了。

前頭是有慧力有智力，現在都沒有了，也就是分別的澄淨心都沒有了。但是不迷。假使在這種情況，若迷了一定往下墮，不迷不往下墮。假使把這種境界作爲聖解，那就叫迷了，則種憶魔。若作聖解，就作憶念的魔障。這個憶念的魔，入於心肺。

「旦夕撮心，懸在一處，失於正受，當從淪墜。」你怎麼辨別魔跟正？沉寂的時候，當在有定力功夫的時候，你不要憶念說，「我證了聖解！」感覺自己有定力，不作這種想法。假使認爲自己有定力了，就叫憶魔，入於心肺。沒有這種思惟只是攝心，不作其他的想，這叫正受。

如果一有憶念，就叫淪墜。二十四小時攝心在一處，這個就叫慧力，叫照，叫修心。這個修心則是多定少慧。但是自己沒有說我證得聖境了，我已經有定力了，沒有這種思想；若一有這種思想，這個思想屬於慧，沒有這種思想就是定。

又彼定中諸善男子．見色陰銷．受陰明白．慧力過定．失於猛利．以諸勝性．懷於心中．自心已疑是盧舍那．得少為足．此名用心亡失恆審．溺於知見．悟則無咎．非為聖證．

在這個定中是什麼境界相呢？「見色陰銷」，色蘊都消失了，沒有了。「受陰明白」，受蘊明白，現在自己在受用，定力增強在受用。假使你還能用慧照，那個慧力超過你的定力，那你的定力就失了，落於前頭。定力強，慧力很輕，慧力不過定，這叫勝性。

你自己的思想當中，「自心已疑是盧舍那，得少為足。」假使慧偏多，就落於狂，這個時候容易生狂。定能生慧，因為慧力很強的，色蘊消失，受蘊明白。就這兩句話，知道自己已經進入修受蘊的時期。多用觀照，少用慧解，就是這個涵義。

這種用心是恆審。若把這個恆審失掉，偏於慧，那就多落於知見，知見就屬於慧，明白自己進一步了；定力重了，偏重於定力。悟就是明白的意思。明白了沒的過錯，不作聖解。明白，但是不作聖解，自己知道自己的定力超過慧力。前頭是慧力超過，沒有定力，完全是慧力。有一點定，很少。現在是定偏多，慧漸漸減輕。

省悟的意思，就是我的色蘊已經破了，受蘊現前了，就是這麼一個涵義。色蘊的陰魔已經全破了，進入受蘊，就是定在受蘊當中。

若作聖解．則有下劣易知足魔．入其心腑．見人自言．我得無上第一義諦．失於正受．當從淪墜．

假使認爲自己已經成就了，作聖解，那就下劣，容易入魔。若作聖解就叫入魔。聖解的意思就是說，「哦！我又證得一步了。」迷的時候不知道，現在悟了，悟的時候，把這個悟又作成聖解，就下劣了；下劣就不能再進步了。這就知道，若一悟解就是魔，因爲你一悟解魔就來了。「魔得其便」，入你的心肺，魔一得便，就說魔話了。「我得無上第一義諦。」一作這個解，「失於正受，當從淪墜。」這就是說，在你得定的時候，進一步的時候，莫作聖解。因爲一作聖解，就是慧力；慧力偏多，就落於狂，狂就失掉定力。這是在定中顯現的，你要能夠明白。

又彼定中諸善男子．見色陰銷．受陰明白．新證未獲．故心已亡．歷覽二際．自生艱險．於心忽然生無盡憂．如坐鐵牀．如飲毒藥．心不欲活．常求於人令害其命．早取解脫．

「又彼定中」，佛又進一步解釋，在你定中無端的生起一些現象。佛跟阿難說，在定中的時候應當明白無端的現象，色蘊消了，受蘊明白，就是你要明白受蘊，不是前頭的色蘊了。要把色蘊的情境放下，那個過去了，已經亡掉了，進入受蘊的時候，在這個時間心裏頭生起了無盡憂。

什麼是無盡憂呢？例如打坐的時候，坐的好像是鐵牀。意識當中，「如飲毒藥」，好像喝了毒藥酒一樣的。「心不欲活，常求於人令害其命，早取解脫。」在你受蘊當中的時候，應當注意什麼呢？在禪定當中，色蘊已經消失了，那個心已經亡掉了。在這個時間，受用現前，就是受陰現前。但是，你沒得到受陰的用，色陰的用已經消失了，舊的已經消失，新的還沒有得到。色蘊破盡了，受蘊還沒有得到。在這二際交叉之間，生起艱險，有種危險。什麼危險呢？在這個時候心裡有種怖畏感，在進退交接之間，好像自己到了危險地方。例如走到懸崖了，往前再進一步，掉下去了。已經走到這個地方了，色蘊盡、受蘊現前的境界相，這都是心裡的作用，其實什麼都沒有。

此名修行失於方便．悟則無咎．非為聖證．若作聖解．則有一分

常憂愁魔入其心腑．手執刀劍．自割其肉．欣其捨壽．或常憂愁．走入山林．不耐見人．失於正受．當從淪墜．

當你用功用到這個地方，自己會產生一種擔心，這個叫「失於方便」，明白就好，沒有發生什麼錯誤，不是聖證，不當成聖解。有心修行，能修的心跟所修的智慧，這個智慧已經照了的力量，弱了。這個慧力弱了，定力現前了，定力多了；在這兩個交接的時候，不要憂愁，不要擔心，這是思想問題。若作聖解，那就入於愁魔。若不作聖解，不入心肺。就像人執刀劍，自己割自己的肉。意思是想捨這個壽命，不想活。

常時有憂愁，就是在這個兩個交接的地方，假使說一錯念頭，「失於正受」，容易墮落邪途。若正念不失，色蘊消，受蘊得。每一個色、受、想、行、識二蘊交接的時候，要注意當時的現象，我們是用語言這樣說。當你修定的時候，定力又向前進一步，中間交接的時候，你會產生一些現象；認爲這是個方便，沒有關係，自己修自己的不去注意，這叫聖境。往前進了，一注意，雜於憂愁，邪魔入體，爲什麼叫陰魔？在你用功修定的時候，自己的五蘊會產生些問題，你要認識它。

不是我們語言這樣講，那是你的思想裡頭一點點產生的。例如我們打坐，突然生起煩惱。假使你不被那煩惱轉，還是這麼靜下去，一會兒那煩惱就消失了，什麼都沒有了。假使你一被煩惱轉，坐不成了，腿子放下了，或者就去行動了。這個問題就是你修定的時候有些現象，這個現象是心裡頭的不是外界的。

我們打坐，一般的都想找個清靜的地方，不想待在有干擾的處所；大都是走入山林，這就是厭離世間。厭離心也不喜歡見人，這是對的，這叫正受。

但是，你作習定的時候，在這地方突然間有些聲音，人家打岔的時候，你生煩惱了，定不下去，那叫歷險（參考〈楞嚴經寶鏡疏〉卷九）。險就是險難的意思，會破壞你的定力。

又彼定中諸善男子．見色陰銷．受陰明白．處清淨中．心安隱後．忽然自有無限喜生．心中歡悅．不能自止．此名輕安無慧自禁．悟則無咎．非為聖證．若作聖解．則有一分好喜樂魔入其心腑．見人則笑．於衢路傍．自歌自舞．自謂已得無礙解脫．失於

正受・當從淪墜・

佛又跟阿難說：「假使修定的人，這個善男子見到他的色蘊已經消失了，色蘊的十種魔沒有了，受蘊現前，明白自己，受用現前。這個心清清淨淨的無干無擾，這叫安隱，沒有什麼現象，很安隱。」這就是定力很輕安，思想當中忽然起了一種歡喜，而且是無限的歡喜，在定中忽然歡喜起來了，自己制止不了，非常愉快。定生喜樂，在定裏頭生出喜樂的感，這是魔。如果不作意，不理它，你照樣繼續修你的，魔不能入。如果你一隨它轉，邪魔入體，五蘊魔就趁虛而入，這個叫得了定的輕安，「此名輕安」。

如果自己明白，沒有關係；但是，若認爲聖證，這又著魔了，不是聖證。這五十種所謂陰魔，就是這個涵義；你一認爲聖證了，就入魔。無有聖證，沒有過錯。一起執見，就有過錯。若作聖解，把這個得到的若作聖解，這個好喜樂的魔就入了你的心肺了，著魔了。著了魔有什麼現象呢？見人就笑，哈哈哈！不論在大路上、在道旁上，不論看見誰，他就跟著歡喜，自己唱歌自己跳舞，邪魔入體；自謂已經得到無礙解脫，這叫淪墜。

不作聖解，正受。

所以魔跟佛都是一念間。根本沒有的事，都是自心的。外人不知道的，他在禪定當中，誰知道呢？這是他自己的感受，自己也沒有境界，就意念當中的感受。這種魔就是意念當中的魔，叫陰魔。不是外頭什麼東西的，不是有一個魔鬼來，是你蘊裡頭自己生起的。

爲什麼叫陰魔？

又彼定中諸善男子．見色陰銷．受陰明白．自謂已足．忽有無端大我慢起．如是乃至慢與過慢．及慢過慢．或增上慢．或卑劣慢．一時俱發．心中尚輕十方如來．何況下位聲聞緣覺．此名見勝無慧自救．悟則無咎．非為聖證．

「又彼定中，諸善男子，見色陰銷，受陰明白，自謂已足。」因爲自己滿足了，忽然間無端的，「大我慢起」，自己認爲滿足了，認爲自己成道。「大我慢起」，認爲已經成道了，其實沒有成，而是魔。若眞成了，魔就沒有了。

在你修行的過程當中，本來平靜沒有事的。若生起這麼一個念頭的時候，有這麼一念起，有事了！我們念經該沒有吧？念經照樣也有，有什麼呢？不管你念什麼經，當你念得很熟，或者念了三年、五年乃至念幾十年，都一樣。我現在也有這種現象，好比〈普賢行願品〉我念了好幾十年了，一出家就開始念。但是有時候，突然間生起一個念，妄想就隨它去了。雖然繼續往下念經，但你的思想卻往妄想的方向去了，這叫什麼？隨著邪魔。你把它收回來，魔又消了。

我是舉這麼個例子來說明色蘊消了，現在明白了，我所受的是在受蘊當中，忽然認為自己功力夠了，魔不起了，沒有魔障了，這叫大我慢起。慢就多了。我慢、過慢，過慢之上還有慢過慢，慢過慢之上就是增上慢，增上還有卑劣慢，全來了。

這一念慢心起，這個慢就是念念經，「哦！我的功力不錯了！」像我這樣用功的人很少。我一天念了好多，這叫一個慢。乃至去跟別人比，哼！現在有好多人能像我這樣用功，慢過慢；慢上又加慢，自認為了不起，我跟聖人差不多了，這是增上慢。完了，有時又想，文殊、普賢、觀音、地藏，這些大菩薩，呀吱！那我就差得遠了，這叫卑劣慢。

「一時俱發」，同一個時間生起，因為慢過慢、增上慢，之後馬上就有卑劣慢。哎呀！不行，我沒有那麼高，比起文殊、普賢、觀音、勢至差得遠，叫卑劣慢。突然間感覺到自己比人家都強，「你看我們這班同學的普壽寺，五、六百人，誰像我這樣用功！」增上慢起來了。一會兒又一想，「哎喲！比不上那些大菩薩，那些聖人！」卑劣慢又來了。思想當中，一會兒這麼想，一會兒那麼想，這個想裡頭有慢、慢過慢、增上慢、卑劣慢，「一時俱發」。不是很長的時間，同一個時間都發作了。

若是 生起慢過慢，就不了得。輕視十方如來，那其他的聲聞、緣覺、菩薩更不在眼下了，認為自己高過諸佛；不過，生起這樣慢的還很少。認為自己高過諸佛的很少，至於瞧不起別人，這是有的。

什麼叫我慢？如果沒有我，那慢就沒有了；因為有我才起慢。這慢怎麼起的呢？「心佛與眾生，是三無差別。」我就是佛，我的心就是佛心，我現在就證得無上涅槃，這叫大。感覺著自己跟證果差不多，有果可證。本來沒得道，認為自己得道的，無緣無故的，這個慢並不是有什麼東西顯現，也不是有什麼事，無端生起的。突然間，「忽有無端」，就是指那妄想，自己胡思亂想的時候，有時都叫無端，大我慢起來了。

一個我慢裡頭參夾著卑劣慢、慢過慢、增上慢，慢就多了。一般講七慢，這裡大概說一下子。單慢，單獨的，我比人家了不起。慢過慢，認爲我這個比別人強，比那些人強；完了，增上慢、邪見慢、我見慢。慢應當是高尚的，還有卑劣慢，卑劣還是慢；感覺我不如人，這叫卑劣慢。這些都是在修定當中生起的，在定裡頭，外人誰也看不見，他在靜坐中，思想裡生起了這麼多的問題。

若作聖解．則有一分大我慢魔入其心腑．不禮塔廟．摧毀經像．謂檀越言．此是金銅．或是土木．經是樹葉．或是氎華．肉身真常．不自恭敬．卻崇土木．實為顛倒．其深信者從其毀碎．埋棄地中．疑誤眾生．入無間獄．失於正受．當從淪墜．

又彼定中諸善男子．見色陰銷．受陰明白．於精明中圓悟精理．得大隨順．其心忽生無量輕安．已言成聖．得大自在．此名因慧獲諸輕清．悟則無咎．非為聖證．若作聖解．則有一分好輕清魔

入其心腑．自謂滿足．更不求進．此等多作無聞比丘．疑誤眾生．墮阿鼻獄．失於正受．當從淪墜．

這些都是自己在修定當中，外人誰也看不見。他在靜坐，思想裡頭生起了這麼多問題。同時在這個修行人，他這個慧力已經夠了，定力已經生長起來了，無端無故的發生一種現象，這都是慢裡頭所產生的。如果是他自己在打坐的時候，剛剛得到輕安，心裡靜下來，得到輕安了，這是色蘊消了，受蘊明白了。受蘊現前的時候，受蘊的過程當中，在這個精明的元體當中，見理就精確了，不像我們這樣散漫，這是得了一種大隨順心。

什麼叫隨順心？心裡頭生起來輕安，把這輕安當成成就了。修輕安，得了這個輕安的定。他認為自己已經成聖了，得大自在了，就自己認為自己了不起了，成功了，這叫什麼呢？「此名因慧」。因慧的意思，就是輕清。精明的心，精理之慧，得到輕安清淨。

前頭「輕」是輕安，後頭「清」是清淨，得了這種輕安，清淨的環境，那些粗重的相都沒有了。本來平常很燥動的，心裡很不安，全靜下來了。這個沒有什麼過犯。但是一說：「我證入聖境了！」這個過犯產生了，在思想上作聖解，不是聖解，未成聖，妄作聖解。

「若作聖解，則有一分好輕清魔。」這種魔就喜歡輕安清淨的魔難，這是魔入體。這裡所說的魔不是外來的，不是有什麼現象。你心裡生起來念頭，這個念就是魔。也就是你色、受、想、行、識這五蘊當中，自己生起的念頭。每一蘊有十個，你不能把它錯過。要是錯過了，你就著魔了。

這個見就是見勝。見勝就是慢氣，由我慢氣氛所生起的慢心，這是病態。應該說是定裡頭的病態。因爲你定下來，心裡一清淨了，慧解就生了。因爲你慧照的力量，觀察一切衆生跟自己、跟諸佛，在性體上是平等的。對衆生也沒有什麼可驕慢的，對一切聖賢也沒有什麼可驕慢的，平等平等。若是悟得了沒有過錯，沒悟得要起這種分別念，就過錯了。

若作爲聖解，著了魔了。什麼魔呢？我慢魔。我慢魔入他的心了，一有我慢了，產生什麼現象？見誰都不禮，「不禮塔廟，摧毀經像。」對於佛像，「哎！這是銅，這是金，這是泥巴！」他這樣來認識佛像。或者土、木、金、石，或者經，或者是氈華。

「肉身眞常，不自恭敬。」他說：「你對自己肉身恭敬恭敬吧！」那些土木磚石瓦塊，你禮它作什麼？

禪宗就有這些現象。這裡有個丹霞劈佛的故事。丹霞祖師，廣東丹霞山是丹霞祖師開創的道場。他到一間寺廟去，要破這間廟住持和尙的執著相，這位和尙功力已經很好了，可是很執著，對於佛像恭敬禮拜啊！丹霞祖師專爲破他的執著相，到了廟裡頭，冬天冷，就把佛像拿來劈了，燒了烤火。廟裡的和尙說：「你怎麼把我的佛像給劈了？」他說：「我在找舍利。」他說：「木頭像哪裡有舍利？這是木頭。」「哦！沒有舍利，我再燒一尊。」他是度那個和尙的。假使是你去劈，那是出佛身血。

丹霞劈佛是個故事，你沒有到這種境界相，千萬可不能做，必須得有因緣。法性平等，一切衆生跟佛都是平等平等。你把這個當成聖解可以，你若說：「我自己跟佛無二無別了！」你就高高在上去受供養，這算是五逆，謗佛的罪。

若作聖解就是我慢。「大我慢魔，入其心腑」，我慢不是外來的，你的心裡一念間，或者有些事情不明白，你明白了，或者別人大家都做不到，你做到了，認爲自己了不起，我慢。做了就做，不要以爲了不起，認爲這個事人人都能做的，那就平等平等，就叫聖解。如果一起別的念頭，那就著魔了。

魔佛一念間，就是你的念頭，這個道理一定要懂。如果是因爲拜佛，土木的像所做的佛，認爲這個是顚倒的，這就是欺佛滅祖了。因爲有我慢的魔入體了，他就看見這些，這叫我慢。把佛像摧毀了，或者埋到地底下，這個就會疑誤很多衆生。若這樣做會下地獄的。如果你已經是大開悟、大證得，下地獄沒有關係，地獄即是天堂。你能做得到嗎？做得到就不會下地獄了。地獄、天堂、佛界全是空的，寂靜的。若眞正有正受的思想，一切無礙。沒有呀！沒有就墮，墮了就有苦難了。

因此這一分，就叫大我慢，如果眞正證得的，不叫大我慢；沒有證得的虛妄的，那就是大我慢了。迷必墜，不迷就不墮落了。迷者絕對墮落，悟者沒有墮落。這些都修行人在禪定中的事，魔也好、佛也好，這證得都是在定中的事。

「又彼定中，諸善男子，見色陰消。」每段經文都會說這麼句話。色蘊已經消了，而受蘊現前，也就是受蘊明白了，明白你是在受蘊當中。

「於精明中，圓悟精理，得大隨順。」這個時候心裡頭生起了無量輕安，如果說：「我成了聖人了，得大自在。」那就入魔了。如果不說無所謂，照常進修，沒有問題。

「悟則無咎」，不作聖證，若作聖解的話，有一分「好輕清魔」。前頭這個輕是輕安的輕，後頭這個清是清淨的清。假使說得到這種境界，一執著的話就入輕清魔。輕清魔入其心肺，就不再向前修了，不求進取了。這一類的比丘不再去聽經、聞法，一切都不做，叫無聞比丘。他認爲已經滿足了，實際上他沒有；他認爲自己證得了，實際上沒有。這叫「疑誤衆生」，要下阿鼻地獄，不是正受。若不作聖解沒有問題，一作聖解就要下地獄。他若給人家說，一宣傳就會疑誤衆生。

又彼定中諸善男子．見色陰銷．受陰明白．於明悟中．得虛明性．其中忽然歸向永滅．撥無因果．一向入空．空心現前．乃至心生長斷滅解．悟則無咎．非為聖證．

「又彼定中」，假使在定中的時候，見著色蘊消失，受蘊現前，這都在受蘊當中。「於明悟中，得虛明性。」得虛明性不是眞實，色消所受的明悟境界相，這個明悟境界相豁然無礙，就是得到受蘊明淨之性，豁然現前了，一切法都沒有障礙。於法無所得，於心無所求，在這個時間生起了空淨的念頭。在明悟當中，明虛空淨，生起了空淨的念。如果把它當成永遠滅盡了，煩惱滅盡了，聖果也滅盡了，這就叫撥無因果。如果是諸佛成就了，那沒有問題，如果還是凡夫，沒有達到佛境界，就叫撥無因果。

「空心現前，乃至心生長斷滅解」，沒有證得究竟。若作這個解釋說：「我空，一切皆空。」生起空念的心，那叫撥無因果。空淨之念，一切都斷滅了，那就達到撥無因果。爲什麼呢？上無佛道可成，下無衆生可度，一切都空了；入到空中，斷滅空現前。因此他的心生起斷滅之見，他就無求了。他還求什麼呢？眞正開悟證得了，那就沒有問題了。不是聖證，不是眞正證得的，就落於斷滅空見。

若作聖解・則有空魔入其心腑・乃謗持戒・名為小乘・菩薩悟空・有何持犯・其人常於信心檀越・飲酒噉肉・廣行婬穢・因魔力故・攝其前人不生疑謗・鬼心久入・或食屎尿與酒肉等・一種

俱空。破佛律儀。誤入人罪。失於正受。當從淪墜。

若入聖解，落於空魔，入其心肺。他這樣會生起很多謗毀，謗毀持戒的、謗毀修法的、謗毀菩薩悟空的，因爲這樣一謗毀就落了一種空見。一切皆空，沒有佛道可成、沒有眾生可度。再進一步說，跟那些有信心的居士、檀越，破壞人家的信心，一切皆空，什麼因果都沒有了，飲酒、吃肉、行婬欲，這是魔力使他這樣，他並沒有證得，這叫魔鬼入心。鬼心入了他的心，瘋子啦！失心瘋態；或吃屎、屎尿，喝酒吃肉，一切都是空的。「破佛律儀」，當然要破戒了。什麼戒律也不持了！擔誤別人，讓一些眾生受罪，撥無因果。他將來一定墮落，墮落到什麼地方呢？空見外道下地獄。到地獄他就空不了。這叫空見，毀滅一切佛的戒律。

又彼定中諸善男子。見色陰銷。受陰明白。味其虛明。深入心骨。其心忽有無限愛生。愛極發狂。便為貪欲。此名定境安順入心。無慧自持。誤入諸欲。悟則無咎。非為聖證。

對於虛明，他感覺有味道，深入他的心骨了。但是這個時候他生起貪愛了，無限的愛心發生；禪定的當中自然有一種妙樂，不是世間相。如果把這些當成世間相，他就發狂了。愛極生潤（參考〈楞嚴經指掌疏〉卷九），愛極發情、發動、發狂；一切五欲境界現前了，他就隨著五欲境界轉了。

這是在定裡頭所有的魔，讓我們修定的時候，防患魔境現前。要先認識它，佛告訴我們在修定的時候，有哪些境界現前，那是魔。你不能辨別就誤入五欲之中，隨欲所轉。開悟了你自己就明白，不是聖人證到境界，不是聖證。

若作聖解，則有欲魔入其心腑，一向說欲為菩提道，化諸白衣平等行欲，其行婬者，名持法子，鬼神力故。

假使把這種虛妄境界當成聖解呢？那就叫欲魔。欲魔入你的心，把欲當菩提道，完了又向白衣說（白衣就是沒有出家的居士）；不但這樣做，而且還宣揚說：「平等行欲，其行淫者，名持法子。」明明行婬行，還說行持法子。現在這類的人我遇見很多。他還跟我辯，什麼戒律啊！哪裡有這麼回事？邪說橫行。他說他是眞的行佛法，說我們都是冒牌的、假行佛法的，這就是魔鬼的力量。

於末世中．攝其凡愚．其數至百．如是乃至一百二百．或五六百．多滿千萬．魔心生厭．離其身體．威德既無．陷於王難．疑誤眾生入無間獄．失於正受．當從淪墜．

在末法當中，凡夫愚痴人百千。一百兩百、五百六百，「多滿千萬」，都是「魔心生厭」。沒有威德，「陷於王難，疑誤衆生」，下無間地獄，「失於正受，當從淪墜。」這十種受蘊魔已竟，受蘊的十魔跟色蘊的十魔是不同的。

色境是從前頭向後頭，次第相生的。色蘊是豎發（參考〈楞嚴經指掌疏〉卷九），受蘊不是豎發，境地同一執著而起的。受蘊是橫開的，色蘊是上下順開的，但是都是失於正受；不是正定，不是眞正的定，那是邪魔入體。

這種魔境是內心壓抑過分，悲心很重，發生無窮的悲感。或者是感激過分，也就是我們所說的感激衝動。因感激衝動而生起無限的勇敢，這是邪魔。因為智力衰微，沒有智慧容易沉沒。第四種（參見〈楞嚴經正脈疏科〉卷九），慧力強、定力弱。應當是定強慧弱；但是翻過來，慧力強定弱，反成卑劣了，定力上不去。或者是得了輕安，因為自己得定了，生起無限的歡喜，這全是錯誤的。或者生大我慢，有一點點定力，認為自己的功力了不起了，得到一點輕安，歡喜的不得了，認為自己得大定了，其實就是那一點點的輕安。或者自己滿足了，因為滿足而破戒，什麼都不在乎了，恣行五蘊。

阿難．如是十種禪那現境．皆是受陰用心交互．故現斯事．眾生頑迷．不自忖量．逢此因緣．迷不自識．謂言登聖．大妄語成．墮無間獄．

佛告訴阿難說：禪那修定所現的十種境界，受蘊沒有破。五蘊，前頭講的色蘊十魔，這是受蘊十魔。受蘊沒有破之前，他的善用其心，不善！用心沒有達到修禪定的地步。理智跟他的欲感兩個交戰，看哪個勝，理智勝了入於佛道，欲力勝了入於魔道。

正道、魔道一念間。這是講禪定的，禪定完全仗自力，跟念佛講的定力不一樣。念佛是仗他力，這都是習定所現的現象。你不習定，讀誦大乘、持戒、念佛，沒有這種陰境，明白嗎？這全是習定的五十種陰魔。

佛跟阿難說「如是十種禪那現境」，都是習禪定的現前境界相，都是受蘊的交織。色蘊過去了，這是受蘊所現的。

我們看《楞嚴經》的次第，最初是講楞嚴大定，那個定是怎麼來的？一步一步的，最後講你要學習定，得先防患過犯。五十種陰魔講完了，《楞嚴經》也就圓滿了。

爲什麼把魔事擱到最後才講呢？前頭說的是聖境，後頭給你講魔事。你修定也得防患，別高興太早了，還有些障礙。讓你先認識邪魔定，然後再翻過來認識魔境，爾後你再去修定。最初開始的時候，阿難遇摩登伽難，定力不夠；等有定力了，魔不到了。其次是五十種陰魔，這是內心魔，外魔比內心魔要弱。外魔好破，內心魔強，當面來的，你容易認識到，你內裡自己起的，你沒有辦法防患了。經文到最後才講內魔，就是這個原因。

前頭是色蘊，現在講的是受蘊。受蘊「用心交互」，所現的這十種魔，都是受蘊現前境界相。如果你受蘊沒有破，有這些境界相，用心達不到善用其心，理智跟你的情欲兩個交戰，情欲勝了道也破了；理智成了道也就成就了。這是情感跟理智交戰的。

一切衆生忖量一下，自己思考一下，依照這個因緣怎麼辦？若是迷，不能自己認識，迷則不識。因爲不認識，把魔境當成聖境，自言登聖。認爲我入了聖境，修道成功了，大妄語成，下無間地獄。這不是聖境，而是魔事。

這些言詞現在外面很多，因爲普壽寺是學戒的，我們遇不到。外面這類的言詞很多，把行婬怒癡說成是聖境，就是順著這套來的。爲什麼？不知道。爲什麼不知道？不學。隨著自己的妄想煩惱轉，你讓他學，他聽不進去，聽見了反而生起煩惱，因爲跟他的妄想是相對的。

衆生頑迷，頑是頑固，頑固的迷失了。自己不忖量自己，「逢此因緣，迷不自識。」假使遇到這種因緣的事，他因爲迷了，自己不認識，還認爲自己是聖人，這是大妄語戒。大妄語一定墮落了，墮落就下無間地獄，這是自然的感果。

我們現在講《楞嚴經》這個魔事，在我們修行當中非常重要。現在跟經本所說的一樣，就在你的思想當中。我們經常說念頭錯了，這個念頭錯了就是魔。你本來正在修行的正觀不現前，反而想到其他的處所，那就叫陰魔。

離開你修行的木觀，那叫魔；而且講五十種陰魔，佛所講的多數是指修禪定。在你修禪定所現的境界相，也就是你的色心二法，你應當做個觀想，經文上給你啓示的，色是一切形相，這是色法；受、想、行、識，都是心！那是心法。無論你修行什麼、修行哪一門，你能離開色心二法嗎？離不開的。但是你的念頭，也就是你的觀照、想法，一錯了就叫陰魔。不要完全按經本上的去想，這是給你啓示。你的行、住、坐、臥，突然之間思想不正當，那就叫陰魔。若按經本，你會想：「我沒有陰魔，也沒有參禪。」這只是你心裡所起的念頭而已。

色蘊，那只是你肉體所受的，受、想、行、識就是你心的領受。當你一靜下來，心必對境，靜下來一定有境界相現前。所以不要忘記了，文殊師利菩薩教授我們的「善用其心」，什麼陰魔都沒有了，你能善用其心，把心用好，魔就沒有了。這是「用心爲善」，不是「善用其心」。「用心爲善」的時候，一個理智，一個貪欲，理智跟貪欲兩個交戰，理智勝了，魔事消了；如果你胡思亂想勝了，理智就沒有了。特別是我們修道的人都在交戰，一舉一動不停的都在交戰。就看哪個戰勝哪個？理智戰勝貪欲，正念現前，一切欲念，貪欲戰勝你的理智，那就魔了。

總觀色心二法，色蘊有十種陰魔，受、想、行、識，就是心法。你的心有四種陰魔，這是大概的意思。每一個念頭你自己觀照一下，文殊菩薩叫我們「善用其心」，「善用其心」就是你觀照一下。因爲一切衆生在迷，我們現在都在迷。十信還沒有滿心，沒有登初住，登了初住也還在迷，登了十地才是眞正的不迷。所以你遇到任何境界相，不要失掉觀照力。若是以聖教量來看，我們自己的觀照力從哪裡來的？佛教導我們來的，聖人教授我們的。拿這個來比，不合乎聖人教導的就是迷了。這樣學習才能有進步。不然你光聽聽有什麼用處？這是讓你用來對治我們的煩惱，對治習氣。

一切眾生，因爲迷了不自忖量，遇到一切因緣，遇到外邊一切境界相，「迷不自識」，自己不認識，明明是著了魔了，他說登了聖了，這就是犯了大妄語戒，犯妄語戒就墮無間地獄。不過，標榜自己成聖的，他是有目的，不是隨便就標榜說：「我成道了。」他是去攀緣找名利，要人家供養他。不是這個用心，他爲什麼要這樣說？所以在利益關頭上，標榜自己。因此未言謂言、未得謂得、未證說證，這是佛特別囑咐我們，要我們改正、教導我們的。

汝等亦當將如來語，於我滅後，傳示末法，徧令眾生，開悟斯義，無令天魔得其方便，保持覆護，成無上道。

佛對阿難說，你們應當注意，假使佛入了涅槃之後，特別是到了末法時代，邪說橫行，眾生的信心不堅定，把我所教授的這個法，傳給末世一切眾生。讓那些眾生開悟、明白，「無令天魔得其方便」，保護修道者。能夠除去魔事，那就是勝利了，成就無上道。

想蘊的十種陰魔

阿難．彼善男子．修三摩提．受陰盡者．雖未漏盡．心離其形．如鳥出籠．已能成就．從是凡身．上歷菩薩六十聖位．得意生身．隨往無礙．

佛跟阿難說．修三摩提的這個善男子，「受陰盡者」，受蘊已經盡了；受蘊斷了，但是還沒有得到漏盡，還沒有成到阿羅漢果。受蘊盡了，想蘊呢？行蘊呢？識蘊呢？在受蘊盡的時候，心跟形體兩個分離了。受蘊屬於心法，在這個時候，「六十聖位，得意生身」，意生身不是肉體。

意生身，有法的意生身，有自在自然的意生身。學法的人，他的意生身是法成就的，你的受蘊已盡，所有色蘊覆蓋的境界相都破除，障礙都過去了。受蘊盡了，但是還被想蘊所覆蓋。這五蘊的障礙，色蘊盡了，色蘊不能障礙你修道了；受蘊盡了，受蘊不能障礙你修道了。你算衝破了兩關，但是想蘊還在，還沒有盡。

當你的心離開有形有相的肉身，受蘊也破除，等於那個心不侷限在身內了。例如我們現在盡想身，一舉一動，你的身受你的心支配，但是你的身又把你的心侷限在身內，心離不開身。你的身是侷限在你的身，但是你的色蘊盡了，受蘊也盡了，這個有形有相的身侷受不了你，你得了解脫。

這個善男子修三摩提的時候，他的受蘊一盡，雖然沒有證得阿羅漢的受漏盡，但是他的心離開形體了，心跟肉體分開了，「心離其形」。佛形容這像什麼樣子呢？你把那個鳥抓到籠子裡頭來，那鳥就飛不動，牠離不開那個籠子；等你把籠子打開，那鳥到太空中去了，任意飛行。

衆生的受蘊一盡，就像那鳥出籠一樣的。現在雖然是凡夫身，他能自在飛行，所以能夠得意生身，也算六十位聖位。「隨往無礙」，行動當中不受肉體的侷限，行動無礙；但是他還是凡夫身，跟聖位相似也能得到這種自在。

六十聖位，十信、十住、十行、十回向、十地、等妙二覺，這三漸次加慧地，加上妙覺共成六十，都叫聖者。這個三昧他得的身，叫意生身，從心而生的。現在這個位置還屬於凡夫位，相似於信位。信位屬於凡夫位，能夠空行自在了，因爲他覺得法自性，這個叫性意生身（參考〈楞嚴經指掌疏〉卷九）。這不是法生身，法是依法而生的，能夠自在，這個自在侷限性很小，初步的。覺法自性，是性意生身。以法爲自身，跟那個信位第八位的入信位菩薩相似，但是沒有到第八位信位。

還有一種生身，叫無作意生身（參考〈楞嚴經正脈疏〉卷九）。無作意生身就高了，就到了九信、十信的菩薩位。說在他這個八識當中，一切諸法都是依八識變現而成就的。一切的法性明白了，法性如幻，唯識所變。這個我們學過也懂得，但是沒有證得，我們明白到什麼位置就有什麼境界相。

譬如有人．熟寐寱言．是人雖則無別所知．其言已成音韻倫次．令不寐者．咸悟其語．此則名為想陰區宇．

佛對這種情況就說個譬喻，比喻有人，「熟寐寱言，是人雖則無別所知，其言已成音韻倫次，令不寐者，咸悟其語。」「咸悟」就是明白他所說的話，則爲想蘊（陰）區宇。什麼是想蘊？受蘊、色蘊情況，我們現在明白了，佛要繼續講解想蘊。想蘊的區宇跟受蘊的區宇兩個不一樣，那跟色蘊的區宇又不一樣了。我們現在都在色蘊當中，沒有破色蘊。受蘊根本沒有知道，這是依佛所教授的才說我們知道了。

佛舉例說：睡覺睡得很深沉的人，沒有覺。他在睡眠當中，外頭有什麼聲音他也聽不到。現在剛剛明白，就在深睡當中明白了。想蘊破的人就得到意生身，跟那沉睡的情況不同了，這是形容詞。

他雖然沒有證得，但是他那個識身，有相似了；不是昏昏睡睡的人。佛舉這麼個例子，就好像將明白還沒有明白。就是他所修的、所得到的那個區宇雖然不廣，但在他這個區宇行動已經方便了。

若動念盡．浮想銷除．於覺明心．如去塵垢．一倫生死．首尾圓照．名想陰盡．

以下是講妄源，若能夠認識到妄源，就顯露出妄了。我們現在對妄還不認識，等見惑開始斷，色蘊、受蘊斷了，現在進入想蘊，也就是他斷這色蘊受蘊的這個樊籠，出離了，這就叫動念盡。

動念盡了，他的浮想就是一些幻想，亂七八糟的想法銷除了。心能夠覺悟明了一分，就像人的臉上落了很多灰塵，身上有很多灰塵，我們把灰塵撣去了，「如去塵垢」，把這個塵垢去掉了。

「一倫生死，首尾圓照。」想蘊斷的時候有些什麼現象呢？就是前六識的種子，眼、耳、鼻、舌、身、意這前六識，這個種子的粗相斷除了，那個六識的粗相能夠除掉。一動必有想，就屬於想蘊，這個浮想，他已經降伏了，想盡就是動念盡，那個想的動念盡了，浮想銷除了。對他這個覺明的心，就像人有塵垢，臉上有灰塵，把他洗乾淨了，這叫「一倫生死，首尾圓照」。這叫想蘊盡。

是人則能超煩惱濁．觀其所由．融通妄想以為其本．

想蘊盡了，這個人有什麼現象呢？他能做什麼呢？超越煩惱濁，煩惱能夠清淨一點，不是像一些凡夫，如果沒有斷想蘊的，煩惱很重。他斷了想蘊，煩惱就漸漸輕了，但是妄想本源還沒有除掉。

能夠認識到妄想的根本，「融通妄想以為其本」，浮想銷除就是第八識的妄分，能夠斷一部份而不成妙覺明心，還沒有達到妙覺明心的地步。動念盡了，浮的妄想不生了，只是先把身上的塵垢去掉了，而性覺圓明還達不到，這是斷了「一倫生死」。

阿難．彼善男子．受陰虛妙．不遭邪慮．圓定發明．三摩地中．心愛圓明．銳其精思．貪求善巧．

這個出毛病了，「貪求善巧」，受蘊的男子貪求善巧，說在三摩地的大定中，「心愛圓明」。在「心愛圓明」的時候，他的思想「銳其精思」，思想就純潔了，比凡夫，比有受蘊、有識蘊那些淨多了。所以他貪求這個精思的善巧，「心愛圓明」，這還是魔境。

爾時天魔候得其便．飛精附人．口說經法．其人不覺是其魔著．自言謂得無上涅槃．來彼求巧善男子處．敷座說法．其形斯須．或作比丘．令彼人見．或為帝釋．或為婦女．或比丘尼．或寢暗室．身有光明．

因爲有這個思想，「心愛圓明，銳其精思」，邪魔就入了，天魔就來了。一有這種念，「飛精附人」，天魔就附他的體。六天的魔王得了方便乘虛而入，入了行者的身子。但是這個行者還不覺著了魔了。這時候還認爲自己證得「無上涅槃」，「來彼求巧，善男子處」，說那個魔王入了修行者的體，而能開演說法，作比丘身，令一切見者；或者是化現爲帝釋；或者示現婦女身，或者化作比丘尼，就在暗室裡頭身放光明。就像得道的人一樣，成就的人一樣，一有這種境界相，著了魔事之後，這個人的智慧就沒有了。

是人愚迷．惑為菩薩．信其教化．搖蕩其心．破佛律儀．潛行貪欲．

被魔所迷了，惑業所感，認爲自己是菩薩，就叫未得謂得，未證謂證。沒有得到說得到了，沒有證得說證得。因爲迷不自覺，魔當爲菩薩，自己認爲成就了，當爲菩薩，其實邪魔入體。有一些人就受他的教化動搖別人的心智，「搖蕩其心」。在著了魔之後，「破佛律儀」，主要是淫戒。「潛行貪欲」，潛行不是公開的，是秘密的。

口中好言災祥變異．或言如來某處出世．或言劫火．或說刀兵．恐怖於人．令其家資．無故耗散．此名怪鬼．年老成魔．惱亂是人．厭足心生．去彼人體．弟子與師．俱陷王難．

「口中好言災祥變異」，這時候就說休咎了（參考〈楞嚴經正脈疏〉卷九），能夠預言災祥變化、刀兵水火劫，使人聽了害怕，這是災。祥呢？說人家應當得到吉祥，你要發財了，你要富貴了，這屬於吉祥的事。說災害的事、說吉祥的事，這叫妖言惑眾。

或說，佛在某處又出現了，某人是佛了。或者說劫火，說刀兵，給人說些恐怖。「令其家資，無故耗散」，把人家財產給騙了，令這個人家財破散，這種叫什麼呢？怪鬼。這個修道者被這怪鬼附體。魔不藏在他的身上，等他魔得差不多了，「年老成魔」，惑亂是人，魔玩夠了，「厭足心生」，魔鬼離體，「弟子與師，俱陷王難」。妖言惑眾，法律不許可的，要抓他的，這個時候就陷王法災難。

汝當先覺．不入輪迴．迷惑不知．墮無間獄．

應當預先知道這是魔事，不被他所惑亂。若是不知呢？那就為所惑亂。這種一定墮無間地獄。假使相反的，明白而不受其害，那就不入輪迴了；若受其惱了，墮無間地獄。

阿難．又善男子．受陰虛妙．不遭邪慮．圓定發明．三摩地中．心愛遊蕩．飛其精思．貪求經歷．

這就是「貪求經歷」。這個善男子，「受陰虛妙」，妙者離開心，就像鳥出籠，離開現在的肉身得到意生身。意生身是意念化現的身體，沒有真實的形相，隨意而往，沒有障礙。

「受陰虛妙」，妙就是不受限制的意思，我們經常說的遊戲神通，產生了遊戲神通，能夠放蕩自在，徧周塵刹。他的心貪求經歷，這就是不好的地方。

修定而得到定的時候，有七種愛染的貪求。「貪求經歷」就是愛染的貪求，有遊蕩的，說好聽點就是遊戲神通，能夠徧周塵剎。功力到這樣子，魔就來了。說有什麼功夫、有什麼魔，天魔入體。天魔就得其便，那就看你定力的深淺。若是行道者定力深，天魔進入不了；如果你的心一浮蕩，「飛其精思，貪求經歷」，魔就入體了，那就成了魔事。

爾時天魔候得其便・飛精附人・口說經法・其人亦不覺知魔著・亦言自得無上涅槃・來彼求遊善男子處・敷座說法・自形無變・其聽法者・忽自見身坐寶蓮華・全體化成紫金光聚・一眾聽人・各各如是・得未曾有・是人愚迷・惑為菩薩・婬逸其心・破佛律儀・潛行貪欲・

凡是魔一入體的時候，都會講經說法、講成就，怎麼迷惑人哪！講自己成道了、成佛了，成道還是小事呢！我能給你們利益，好讓一切人來供養他，客邪干擾就來了（參考《楞嚴經正脈疏》卷九）。但是這個修道者並不知道自己著了魔了，他眞的認爲自己成道了，認爲得了無上涅槃，誑惑衆生。那些受迷的衆生，就來聽他的了。這也得有緣法。

某一類的跟某一類的，必須得有緣。來他這裡聽法的人，聽他教化的人，「忽自見身坐寶蓮華，全體化成紫金光聚，一衆聽人，各各如是，得未曾有。」凡是聽魔鬼說法的人，魔附體的人，都看見自己坐的是蓮華座，身上有紫金光，「各各如是，得未曾有。」因爲這個行者，心愛遊蕩，以他的這個定力，所感應力，所以來聞法的人都入了魔了。

那個魔現身作的變化，說那個聽法的人感覺坐的是蓮華座，身上有紫金光，這是那個魔入體。天魔飛精附人，不是行者。這個行道者愚迷，愚迷就是沒有智慧的意思，把這個魔當成佛。「婬逸其心，破佛律儀，潛行貪欲。」

口中好言諸佛應世・某處某人・當是某佛化身來此・某人即是某菩薩等・來化人間・其人見故・心生傾渴・邪見密興・種智銷滅・此名魃鬼・年老成魔・惱亂是人・厭足心生・去彼人體・弟子與師・俱陷王難・

這五十種陰魔都是以婬欲爲首，魔入體把你的道力破壞了，讓你去行婬欲，五十種陰魔都如是。但是，說的可不同，「口中好言諸佛應世」，在某處、某個人，是佛的化身來度衆生。又說某人某菩薩化現人間來了，令這些好邪魔外道的人，心生傾渴，同類相聚。「種智銷滅」就是智慧身斷滅，把智慧入了魔了，就把智慧都消滅了。這類鬼神呢？叫魃鬼。「此名魃鬼。」

「年老成魔」，鬼老了！「年老成魔，惱亂是人。」他惱亂是人，這個老鬼惱亂一陣子，他生厭足又離開了。這個鬼「去彼人體」，這鬼一離開了，這些受他魔的人，就妖言惑衆，「陷入王難」。

汝當先覺．不入輪迴．迷惑不知墮無間獄．又善男子．受陰虛妙．不遭邪慮．圓定發明．三摩地中．心愛綠溜．澄其精思．貪求契合．

因爲魔鬼的教導跟你的貪求兩個結合起來，你的心裡頭原來有貪求的念，魔鬼才入體。如果你沒有這個念頭，魔進不來的。不是修道人，一萬個也不見得有一個著魔，不是人人都著魔。要懂得魔是怎麼來的？由你的心念，心邪著魔。你心的正念永遠現前，魔怎麼進來呢？魔鬼並不是長附著你的體；等他厭倦玩夠了，離開你的體，你就落難了。

你沒有本事，那是魔在你的身中，都是他所作的魔事。不是你眞成道了，這是受蘊所感招的。所以修禪定的人要懂得這些陰魔，那是由於你禪定的念頭不確切了。一念的錯覺，邪魔入體，並不是修行人都著魔。那有成道的嗎？你永遠正念現前，心裡頭沒有貪愛，沒有什麼妄想，邪魔不能入體，不會受陰魔所入的。陰魔不是外頭的，是自心，內心不魔，外魔怎麼會來？

爾時天魔．候得其便．飛精附人．口說經法．其人實不覺知魔著．亦言自得無上涅槃．

如果你修定的心綿密不斷，那種妙用現前，魔怎麼進得來呀？魔進不來。魔所以「候得其便」，每個天魔都是候得其便，乘虛而入。佛經常囑託我們，千萬莫發脾氣，魔想乘這念頭，一念瞋心起，百萬障門開。只要你一動念，一想發脾氣，百萬障門都打開了，魔都來了。你的心貪愛、癡愛不能斷絕，所以在受蘊將要成就的時候，就容易著魔。

佛講《楞嚴經》是告訴你，認識了魔就沒有了，認識了魔就不能進入。爲什麼？你自己修定的心，綿密不斷，這種圓通的妙定，他發明的智慧，那叫意生身。這個智慧所生的身，一位一位的六十聖位，天魔不得其便的。

這都說天魔得其便，修行人一念差了就墮落了。念頭一錯，邪魔入體，邪魔入體的時候，這個修行人自己不能覺察。是著了魔了，他覺察馬上提起正念來，魔就沒有了。他隨魔轉，認爲自己得了無上涅槃。

來彼求合善男子處・敷座說法・其形及彼聽法之人外無遷變・令其聽者未聞法前・心自開悟・念念移易・或得宿命・或有他心・或見地獄・或知人間好惡諸事・或口說偈・或自誦經・各各歡娛・得未曾有・

還沒有聞法，心就開悟了，聽法者就開悟了。能知道自己的過去是一些小乘、宿命、有他心；或見到過自己下地獄；或見到人間看到別人一些好惡的事；口頭說佛的偈子；或者自己誦經。大家都歡喜，得未曾有，不覺著魔了，著魔的現象都是這樣。

是人愚迷，惑為菩薩．緜愛其心．破佛律儀．潛行貪欲．口中好言佛有大小．某佛先佛．某佛後佛．其中亦有真佛．假佛．男佛．女佛．菩薩亦然．其人見故．洗滌本心．易入邪悟．

「是人愚迷，惑爲菩薩，緜愛其心。」最重要的是「破佛律儀」。凡是著了魔的，都行貪欲，如果不行貪欲，沒事。口裡還說，佛有大佛、有小佛、有先佛又有後佛，把佛說種種樣樣的，說有假佛、有眞佛、有男佛、有女佛、有男菩薩、有女菩薩。「其人見故，洗滌本心。」這個洗滌本心，從正入邪，容易入邪悟，把這過錯都說了就不容易入。

此名魅鬼．年老成魔．惱亂是人．厭足心生．去彼人體．弟子與師．俱陷王難．

魃鬼之後就是魅鬼，這種鬼是年老成魔。惱亂是人，當他不願意迷惑這人，「厭足心生」，他離開所迷的這個人的體，那麼這些被迷者，弟子與師都陷入王難。

汝當先覺．不入輪迴．迷惑不知．墮無間獄．又善男子．受陰虛妙．不遭邪慮．圓定發明．三摩地中．心愛根本．窮覽物化．性之終始．精爽其心．貪求辨析．

因爲不覺，入了輪迴，所以就墮無間地獄了。「又善男子，受陰虛妙，不遭邪慮，圓定發明，三摩地中，心愛根本，窮覽物化，性之終始，精爽其心，貪求辨析。」問題就在「貪求辨析」，定發愛求。沒有貪求辨析，不會發定、發愛，邪魔不會來。在修定當中以愛爲根本，貪愛沒除、受陰已盡，這裡頭產生一種極微細的動向。這個動向是從什麼來的呢？從想蘊當中來的。因爲你一動念，因動而生邪，邪就乘虛而入了。當你一動念，覺悟的時間慢、覺悟差，念頭一不眞，就生出一種迷惑來了。

我們讀〈大乘起信論〉的時候提到一念不覺，不只是說根本無明，就

想蘊的十種陰魔

平常行道修行的時候，我們還不只一念不覺。不過我們還感不到魔來，魔還看不起我們，爲什麼？他認爲你還是屬於他的魔子魔孫，用不著魔你，他也知道你成不了，因此我們沒有這種魔障。這些都是指破五蘊的，禪定功夫很深的，將要入道所著的天魔。

爾時天魔．候得其便．飛精附人．口說經法．其人先不覺知魔著．亦言自得無上涅槃．來彼求元善男子處．敷座說法．身有威神．摧伏求者．令其座下．雖未聞法．自然心伏．

天魔是自心而生的，天魔得其便，「飛精附人，口說經法」。一切天魔都講佛法、都說經法，你才能入迷。你把他當成佛，佛跟魔分不清楚，魔示現佛。魔王波旬經常示現佛相，示現成佛。我們這只是說修禪定的，念阿彌陀佛的人就很少遇見了。

修教的人自己可以辨別的很清楚，自己的惑斷到什麼程度？自己的功力到什麼程度？雖然魔來了，學教義的人很少會著魔，但是他容易入誑，那也是魔。認爲自己說法了不起了，功德很大了，誑魔入體，你要著魔。

受魔的人並不知道已經著了魔了，知道還魔的到他？知道就不魔他了。所以他就隨著魔轉了。

「亦言自得，無上涅槃。」這叫眞正著魔。如果著了魔了，可是認爲自己的功力不夠，不會這個樣子。那魔就離體了。他也認爲自己了不得，那就麻煩了。如果有慚愧心，不認爲自己了不得，或者認爲這是三寶加被、拜求三寶的。但是修禪的人沒有這個思想的，修禪定的人，佛來佛斬、魔來魔斬，但是魔來了斬不了！斬不了就隨魔走了。

「其人先不覺知魔著」，已經著了魔了，自己也隨著魔說，我證得無上菩提了。「敷座說法，身有威神，摧伏求者。」來向他求法的人，他身有威神能摧伏這求法的人。那些求法的人，還沒有聽他說法，心就伏他了，「自然心伏」。

是諸人等．將佛涅槃菩提法身．即是現前我肉身上．父父子子．遞代相生．即是法身．

那些求法的人也把他當成佛菩薩，就是這樣子。「我肉身上，父父子子，遞代相生，即是法身。」這就是魔說。說我的肉體就是法身，父父子子一代傳一代，代代相生，肉身即是法身。這是謬解的，把菩提法身當成肉身，肉身即是菩提法身。

常住不絕．都指現在．即為佛國．無別淨居及金色相．其人信受．亡失先心．身命歸依．得未曾有．

這都是魔說的法，指現在就是佛國，染就是淨，現在是染法，他說成淨法，說是佛國；乃至於現金色相，這就是胡說了。即染即淨，金色相就說是凡夫即是聖人。未得謂得，未證謂證，未證說自己證了，未得到說是證了。

「其人信受，亡失先心，身命歸依，得未曾有。」先求的人信這個邪師，把魔教當成正教。「亡失先心」，他先前所修的都忘掉了、失掉了，以前所修的都忘掉了。那就入魔了，這叫入魔。

是等愚迷．惑為菩薩．推究其心．破佛律儀．潛行貪欲．口中好

言．眼耳鼻舌．皆為淨土．男女二根．即是菩提涅槃真處．彼無知者．信是穢言．

那些弟子愚癡迷惑，把他當爲菩薩，但是他所作的已經破佛的律儀。這種多數都是淫念，「潛行貪欲」，作不淨行。內心愛好什麼呢？貪欲的根本沒有斷，習氣根本都沒有斷，把束縛當成解脫。這類的魔障，越是末法的時代越多。他說些什麼呢？口中好言，口裡說的話很好，眼、耳、鼻、舌、身都是清淨國土，這是胡說。

又說「男女二根」，男根女根即是菩提涅槃眞處，這才是眞正謗佛謗法。那些沒有智慧的一幫人，迷惑了，聽信他的這種髒話，這種叫穢言。

此名蠱毒魘勝惡鬼．年老成魔．惱亂是人．厭足心生．去彼人體．弟子與師．俱陷王難．

這叫魘魔鬼，魘勝惡鬼。「年老成魔，惱亂是人，厭足心生。」附這人體，附到不願意再附了，離開了，「去彼人體」，那個受魔者，「俱陷王難」。

汝當先覺．不入輪迴．迷惑不知．墮無間獄．

要明白佛的教導，不要迷了，不要受這個繇言所惑，這不是眞實的。如果說是行婬乃至做不淨行，這類的不入輪迴，絕不可能。一定要了知，若墮了，這就是墮無間地獄的。因此教悟戒迷惑，你若想不落輪迴，不要迷惑這種境界相，這種境界相叫魔說，一定下地獄。

又善男子．受陰虛妙．不遭邪慮．圓定發明．三摩地中．心愛懸應．周流精研．貪求冥感．

爲什麼修道人會著魔？「貪求冥感」。在修行的時候，想求一種感應，所以在禪定之後，他的心虛懸，想得很遠，乃至想到多生劫前。意思就是想佛的加持，乃至於自己冥求開悟，就「周流精研、貪求冥感」，精細的貪求跟他默默的相合，就叫冥感。

修禪的人是不求三寶加被的，如果修禪定的人說佛菩薩加持，非著魔不可，這都是貪求冥感的。「心愛懸應」，想求一種相應。在自己習禪定的時候，心裡貪求，或者聖人或者菩薩來加持我。這跟念佛不同，跟其他的行門不同，修禪定的人，假使修三摩地，心求懸應，修定的人一定著魔。「貪求冥感」，魔也是乘虛而入，不是無緣無故就來魔的。因爲你貪求冥感，魔就來了。哪裡頭來的？心魔。

五十種陰魔，陰魔即是心，從五蘊生的，自生的魔來阻斷你的定力。凡是著魔的都是心引進的，心正魔不能入，心邪魔則能入。修禪定的人講魔來魔斬，佛來佛斬。所有修禪的人，對任何境界相，根本認爲「凡所有相皆是虛妄」；但是有形有相全是假的，見諸相非相。若能這樣，魔不入體了，魔都是乘虛而入的。

爾時天魔．候得其便．飛精附人．口說經法．

天魔都口說經法，不然怎麼會受他的迷惑？而且說的經法都是微妙的，能使你馬上得到神通，這絕對是魔。這個在我們夢裡頭當中會出現，但是你夢裡不覺知了，平常若修有道力的人，你知道這是作夢。有些道友知道這是作夢，沒有這個事，馬上就醒了。

在你修道的時候有很多的幻境，特別是修行人，在修禪定的時候，你的心想得很遠，又想到自己的多生多劫，這樣子很容易著魔。禪定就要一心不亂，一心不亂的時候，不論過去、現在、未來，觀照你的心，千萬莫生二想。修定的心是密密連繫的，沒有間斷的，魔進不來。魔是乘虛而入，你不給他機會，沒有虛他就乘不了，你不會著魔。

很多修道的人之所以著魔，一個是貪，一個是愛，沒有貪愛你不會著魔的。如果你有貪愛，魔就乘虛而入。魔乘虛而入，就是你自己的貪愛表現。五十種陰魔都是以淫欲爲主，這是無始劫來的根本，所以修行要先斷欲念，沒有欲的思念，什麼魔也進不來。一般的都是貪愛不斷，邪魔才入體。

《楞嚴經》到這裡，基本上是講完了，以下都是講修習禪定的時候，念頭稍微一錯，就著魔了。因爲習禪定的人，第一個要斷念。修禪定主要是降伏你的思想，降伏妄想。千萬不要起念，念動魔生，念不動呢？天魔就不能得其便。

修禪定的人，心裡一起念，想有所得，非著魔不可。如果是念佛的人或者學教的人，貪求感應，沒有關係的。修禪定的人是斷你一切的妄念，一有所求就著魔。連自己的妄想都要斷，就是斷妄想都要增毛病，何況還起妄想呢？這就是「斷除妄想重增病，趣向眞如亦是邪」。想求一個眞如的心，都容易入邪。

你看這五十個陰魔，每一段都是有所求。心裡頭一想求感應，魔一定入體，非魔入體，爲什麼？修禪定的人，第一個就要斷思想，那跟我們念佛人求佛菩薩加持，讀誦大乘求菩薩加持，有所不同。

修禪的人完全靠自力。所以「心愛懸應，周流精研」，就說一貪求；貪求諸佛菩薩加持感應，一貪求冥感，冥是暗暗的，不是很顯的，冥感是讓我心裡頭得到一種加持力，得到一種感應；天魔就入體了。每段經文都是這樣子，特別是受、想、行、識這四十個陰魔都是心，只要一動念，魔就來了，「心生種種法生」，這是總的原則。

但是魔來了並不知道。修行人還認爲自己修成功了，有一類修禪宗的道友，一點文化也沒有，什麼教理也不看，乃至祖師的語錄也不看。假使有所學習，就不會發生。知道境界相來了之後，知道這是魔。同時修行人，你自己的功力到什麼程度，你還不知道嗎？吃幾碗乾飯，你還不知道？你的肚子裡只要一碗乾飯就飽了，若吃兩碗、吃三碗，麻煩了。

我大概跟大家解釋解釋五十種陰魔的來源，我們講了差不多一半了，五十種陰魔就是貪求，沒有貪求感應的，魔不著。你一貪求，天魔就得其便，就著了魔了。著魔了還不認識，還認爲自己修行成功了；若認識了呢？不會著。

五十種陰魔的經文大致都是相同的，當中略略有一點差別而已。懂得這種道理就行了。

我跟大家講個故事。有一位老修行，他的功力很強，修行也很好。冬天天氣冷了，他突然間得到施主的供養，供養一件大棉袍，同時又給他四個小元寶。那個時候的錢都是元寶，五十兩一錠，或十兩一錠，給他四個小元寶。老修行收了這份供養，心裡就動了念了，很高興。但是，他在坐靜當中現出一朵大蓮花，要接引他去，這個修行者一想：「我的功力還不夠，沒有到這個程度，這恐怕不是真的事情。」他拿起引磬丟到蓮花，那蓮花就合了，現相就沒有了。

自這個境界相現了之後，第二天，山下供養他的弟子，就來找他來了。因爲山下弟子的馬生了一匹小馬駒，生下來就死了；死了一看，小馬的肚皮外頭，有個敲引罄的銅棍。那居士就把那個銅棍一拽出來，說：「這不是師父的引磬嗎？怎麼跑到馬肚子來了？」

他就拿這個引磬到山上跟他師父說：「師父，你的引磬丟沒丟？」「引磬不在了，我丟到蓮花裡頭了。」他說：「現在，在我這兒。」師父：「你在那兒撿到我的引磬？」他說：「一匹馬生個馬駒，生下就死了，小馬駒肚子裡頭居然有師父的引磬。」

在這個之前，這位居士供養他師父四個小元寶、一件棉袍，出手很闊的。這個老修行就講：「一張棉襖一張皮，你供的棉襖就是馬駒皮，四個元寶四個蹄，這四個小元寶就是馬的四個蹄子，若非老僧定力好，險生作了你坐騎。」這個老修行人是有道力的。

「周流精研，貪求冥感」之後，天魔就入體。假使天魔入體，你認識到這是魔，那還能覺悟，還不會受害。天魔入體了，就能講經說法了，「飛精附人，口說經法」，假使這個修行者飛精入體，這個修行者認為自己沒有這個力量。這是魔來了，那個魔就走了，那魔就附不到了。

我有個師伯，他的修行非常得力，可以在夢中給人講經說法。他醒了就跟我師公說，他說：「我連個大字都不認識，哪會講經呀？」這是《楞嚴經》所說的飛魔入體。那你自己也認識到，魔就不能魔你了。

還有一種你要辨別；你沒有這種本事，突然間得了特大的供養。像有人給你供養三百萬、五百萬，要求給師父修個廟，這類事情常有，那你考慮考慮自己的力量吧！你若接受了，可能入魔。

講到這些事，我想到自己在二十幾歲給人講經的時候，人家就要給我修廟，我從來不敢住廟，連個精舍都沒有。

還有一次我在美國，人家供養幾百萬美金，給我們買個精舍，我說：「謝謝啦！」這是約二十年前的事。我們若住那個精舍，我還能在這兒跟大家結緣嗎？我得照顧我的小廟。我跟大家說，看著是福，其實是禍。你一定要辨別、認識到。

不曉得大家還記得不？以前這個院子什麼都沒有，我們在那邊修幾個小房，鍋爐還在，我就住在鍋爐旁邊。天津有位居士帶了五、六個的女孩子，那個天津女士跟我說：「老師父您老了，想不想年輕呀！」我說：「我想年輕？下輩子吧！」她說：「不是。我有辦法能讓您年輕！」我說：「妳有什麼辦法？」她說：「您跟我到天津去，我們自己成立個精舍，我讓這些女孩子陪著您，這些女孩子是有神通的。」同時她讓我聽有個小女孩，她說：「您聽聽，她的肚子裡有一個小孩在那裡說話！」她是童眞說話。我一聽，簡直是妖魔鬼怪。這就跟天魔入體一樣的，邪魔外道。我說：「我不想年輕，妳們走開吧！這間廟不會接受妳們胡說八道的」。

這種情形在人間太多了。在天津、北京，就我所知道的不知害了多少女孩子。這種天魔外道千萬莫上當，要老老實實修行，現在社會上這類事很多。我想我們諸位道友都知道，千萬要宣揚正法，這跟經文上所說的都是相同的。

這種是飛魔入體，你得有方便給他，這是自找的。你沒有方便給他，你不貪求冥感，他進不來的。不是那麼容易就毀壞我們的道業。這是因爲你心裡生了亂七八糟的胡思亂想，想走方便，想投機取巧。但是學佛的人，千萬莫要投機取巧。你不投機取巧，持戒念佛，天魔外道，拿你一點辦法都沒有。必須你自己的心一動了，那護法沒辦法護持你，你的心必須不動。

所以講定力。天魔得不著便，你給他方便，「飛精附人」。你不給他方便，他附不到你。這五十種陰魔，除了色蘊，受、想、行、識都是你自己的心，「心生種種法生」，說你的心沒有雜念，魔怎麼會入？還有那麼多護法護持你，就是你的心生起了雜念，因此而著魔的。

凡是你遇著什麼境界相，自己要會辨別是非。你若不貪便宜，禍臨不頭到你的頭上。每段經文上都說，「心愛懸應」，你的心裡頭有貪愛了，天魔才來的到，天魔才伺其便。如果沒有，你就是凡夫，天魔拿你沒辦法。所以印光老法師告訴我們，「老實念佛」。

這四個字聽起來好容易！老實念佛，老實能成佛。佛的弟子就是不老實，我們看這五十種陰魔都是在心中貪戀，想求冥感。冥感這個冥，不是那個明，而是暗暗的感應，冥加。不要求冥感。我做一份工有一分力量，我打一天工有一天錢，這個道理大家都懂。你磕一個頭有一個頭的收獲，念一句阿彌陀佛有一句念阿彌陀佛的收獲。老老實實的用功，踏踏實實的修道，不要想一步登天，立地成佛，沒有那個事。哪一個佛是那樣成的？沒有。就要修，踏踏實實的修行，千萬莫去找便宜，找便宜就上當了。

這個人已經著了魔還不知道。他還說自己證了無上涅槃了，得了道了，給人講經說法、貪圖名利。婬念來了就昏了，有了名利，淫念來了，什麼戒都犯了。爲什麼我們經常讀大乘、念佛呢？這要靠佛力加持，業障來了，護法護持你，你的內心明了，不會走得太遠。

一天的老老實實禮佛、念佛、拜佛、誦經、學戒、持戒，如果有持戒的人，飛魔不得其便。因爲他想求冥感，那就麻煩了。

大家明了這五十種陰魔，色、受、想、行、識，色有時候是外來境界，受、想、行、識全是內心，是心法；你的心不動念，一切天魔外道拿你一點辦法都沒有。但是你的心一入邪，魔得其便，這些魔都是候得其便，魔都在你周圍，等著你一有點方便給他，他就來了。「候得其便」，你一點方便沒有給他的，他得不到。

其人元不覺知魔著．亦言自得無上涅槃．來彼求應善男子處．敷座說法．能令聽眾．暫見其身如百千歲．心生愛染．不能捨離．身為奴僕．四事供養．不覺疲勞．各各令其座下人心．知是先師本善知識．別生法愛．黏如膠漆．得未曾有．

受魔了，魔一加持能說法了，聽眾來讚歎供養他，他也麻煩了。「心生愛染」，這注重在愛染上，因爲他心求冥感。「心愛懸應」，貪求冥感，冥感來了，這是大魔入體。

這個我們凡夫都看得很清楚的，如果自己沒有貪愛心，把你所有的收入供養三寶；乃至把你的身心奉獻給三寶，不生貪愛，魔又拿你有什麼辦法呢？他是伺得其便，你沒有方便給他。剛才給大家講的那個故事，自己先認識自己，若一認識錯了就麻煩了。

例如你沒有學講經也沒有學說法，突然間就能講經說法了。你認爲了不得了，證得無上涅槃了。什麼叫涅槃？他連涅槃都不曉得，還證得無上涅槃了？涅槃當中還有貪名貪利的嗎？所以他沒有證得、沒有明白，乃至連名詞都沒有懂也給人說法，這是魔附體。但是有一樣，「心生愛染」，不是正道了，大家要記得。

假使你給人講經說法的時候，千萬不要有求心。「我要說得很好，讓他們都信我！」這就麻煩了。沒有這個心，我學到好多？能講得好多？千萬不要認爲自己了不起，沒有這個心，什麼業障也不容易來。你先自己認爲了不起了，魔才能入體。何況你心生愛染，馬上生馬上捨離，那還不成爲過。越染越深，他不會捨離的；今天人家紅包給我五十，明天希望給我紅包一百，後天希望上千，上千希望上萬，上萬、十萬、百萬、千萬無窮無盡了，永遠沒有滿足。所以，應該這麼來斷絕你自己。

是人愚迷．惑為菩薩．親近其心．破佛律儀．潛行貪欲．口中好言．我於前世．於某生中．先度某人．當時是我妻妾兄弟．今來相度．與汝相隨．歸某世界．供養某佛．或言別有大光明天．佛於中住．一切如來．所休居地．彼無知者信是虛誑．遺失本心．此名癘鬼．年老成魔．惱亂是人．厭足心生．去彼人體．弟子與

師．俱陷王難．汝當先覺．不入輪迴．迷惑不知．墮無間獄．

有些文字我就不念了，只講講大意。

說這個愚痴人已經著迷了，還把自己當爲菩薩。菩薩叫覺有情，你自己都沒有覺，都沒有明白，你還讓別人明白呀？惑爲菩薩，那迷的菩薩，不是開悟的菩薩，愚迷呀！他迷惑了，把自己當成菩薩。這一迷就「破佛律儀」，什麼威儀、戒律，一概不守！去搞男女關係了，「潛行貪欲」。

「口中好言」，我在某生做某人，那時候你是我的親兄弟、姊妹什麼的，拉關係去了。現在有機會到一起，你們跟著我，我就會把你們度了。簡簡單單就這麼一吹，什麼壞事都來了。

還有說自己是大光明天，佛就在我這裡住，一切如來都到我這兒修行。那些沒有知識的受到你的欺騙，把他的眞心失掉了，如果有信心的正信居士，他會明了的，不會聽你的。以迷著迷、互相欺騙。這一類的都是老鬼成了魔了，惑亂人的。

在這個魔鬼魔人一段時間之後，玩夠了離開你了，他一離開，你什麼都沒有了。妖言惑衆要受王法懲罰，「弟子與師，俱陷王難」，每段經文都是這樣，妖言惑眾，最後魔一離開，就墮了王難。

又善男子受陰虛妙．不遭邪慮．圓定發明．三摩地中．心愛深入．剋己辛勤．樂處陰寂．貪求靜謐．

這是講受蘊。「又善男子受陰虛妙」，假的，不要生起邪的思想，生起邪的思慮。「圓定發明，三摩地中，心愛深入，剋己辛勤，樂處陰寂，貪求靜謐。」問題在「貪求靜謐」，這個都說貪，沒有說發脾氣，都是因貪愛而生成的。

爾時天魔．候得其便．飛精附人．口說經法．其人本不覺知魔著．亦言自得無上涅槃．來彼求陰善男子處．敷座說法．令其聽人．各知本業．或於其處．語一人言．汝今未死．已作畜生．敕使一人．於後踏尾．頓令其人起不能得．於是一眾傾心欽伏．有人起心．已知其肇．佛律儀外．重加精苦．誹謗比丘．罵詈徒眾．訐露人事．不避譏嫌．

他本人並不知道已經著了魔，他若知道當然就解決了，不會著魔了，不會深入。他不知道著魔了，自己說自己證得無上涅槃了，成佛了，還不說成阿羅漢而是說他成佛了。

「來彼求陰善男子處，敷座說法。」有人到他這兒來，他就給人家說法，這是魔鬼入他的體了，不是行者，著了魔了。魔鬼有鬼通，所以他能知道本業，「語一人言，汝今未死，已作畜生。」嚇唬人的。說你現在的生命雖然沒有盡，你那個地方已經作畜生了；而且還以他的神通力領你去看一看，完了還使這個人敲敲尾巴，頓令其人起不來了。這是他的魔力。因爲這麼一表現，裡頭的人都信他。「有人起心，已知其肇。」「肇」就是開始的意思。你一動念，他就知道你的心裡在想什麼？就跟你說出來了，這一來你更相信他了。

「佛律儀外」，不是佛的戒律，在佛的律戒外，他另有安排的。安排什麼呢？他所謂的「精苦」。這個時候，謗比丘、罵徒衆，「訐露人事，不避譏嫌」。「不避譏嫌」，就是說起來盡是遭人譏嫌的話，不是比丘、佛子所說的話。看著好像貞誠，實際上是妖言，邪魔入體。

口中好言未然禍福．及至其時．毫髮無失．此大力鬼．年老成魔．惱亂是人．厭足心生．去彼人體．弟子與師．俱陷王難．

一天當中口裡所講的，就是你將要遭受什麼禍呀？這個地方將要發生什麼問題？天災人禍他都知道，而且說得很準確，邪魔入體。這不是他說的，而是魔說的。這是大力鬼附體，此大力鬼年老成魔，「惱亂是人」的。惱亂久了，玩夠了，厭離心生，他離開這個人體。原來他是附人的體，他附到人的時候，惡業都造成了，把這人的戒律毀壞，這個人非下地獄不可了，就離開了。那被他所迷惑的這個人，陷入王難了。妖言惑眾，還不受法律制裁嗎？

汝當先覺．不入輪廻．迷惑不知．墮無間獄．

假使你不覺悟，隨迷所轉，那還不下地獄？說禪宗參禪，眞正明心見性開悟的，能有幾位？像這類也不多。爲什麼？功力沒到，天魔不會入你的體。天魔入體也得你跟天魔有個因緣，沒有緣是不會進入的。天魔一離開你的體，什麼都沒有。那都是魔說，你剩下的是什麼呢？剩下罪業，一定墮無間地獄。修定不成，墮到無間。爲什麼？修定不成倒沒有關係。沒有成說成，沒有得說得，不是大妄語呀？而且還是妖言惑衆騙人，這都是受蘊所表現的。

又善男子．受陰虛妙．不遭邪慮．圓定發明．三摩地中．心愛知見．勤苦研尋．貪求宿命．爾時天魔．候得其便．飛精附人．口說經法．其人殊不覺知魔著．亦言自得無上涅槃．來彼求知善男子處．敷座說法．

問題是「貪求宿命」。「勤苦研尋」，幹什麼呢？愛見的知見，心愛知見。不是眞入三摩地，假的；眞入三摩地了不是心愛知見，那是明見，開悟的知見。修禪定之中起了一種心愛的知見，這就是愛見。

在這個時候，假使他沒有貪求的心，魔入不了體。僅有心愛知見、沒有貪求的心，貪求裡頭夾雜名利，沒有名利的心，魔不會入體。一有名利心，天魔得了他的使。

「飛精附人，口說經法。」凡是天魔一入體的時候，一定說經法，不然怎麼騙取人家信仰，這就是大騙子。但是天魔附體才能騙，他本人被天魔所附體，造了很多的業。因爲他不覺得是魔事，若覺得是魔事了，那就停歇了。他認爲自己眞正開悟了，自己以爲得了無上涅槃，這麼一來，人家到他這兒來的時候，他就給人家敷座說法，招搖撞騙。假使他要知道自己已經著了魔了，邪魔附體，止住沒事。如果不止繼續下去，有事。

有一件事已經過了好幾年，天臺山後山住著一個比丘，我從來沒有見過他，一天當中給我打過多少次電話，一直說他是地藏菩薩，我就跟他說：「你有沒有對外這樣說？」他說：「沒有，只有我一個人在山裡頭。」我說：「你若不改正，非下地獄不可！」大概有那麼十幾天吧！以後再沒有來電話，大概改正了。那就是邪魔附體。他不是說自己是佛，而是說地藏菩薩叫他來度衆生。他問我：「老法師！地藏菩薩叫你沒有？」我說：「我沒有這個本事，我還沒有到達你那個程度。」

這類的事現在也有，未來會更多。天魔入體不是隨便衆生他都入你的體，得看你有沒有使用價值？你得有點使用價值，完全沒有使用價值，天魔也不會入你的體。天魔是有大神通的，夜摩天上頭的；他化自在天的天魔，他能入你這樣邪知邪見的體呀？他也得選對象的。這都是修的有點功力了，但是還沒有慧力能辨別是非。若能辨別是非，自己功力沒有到，怎麼會有這樣情況呢？一個普通人著了魔了，突然間讓你去做縣令，敢去做嗎？這有很多問題。一個是自、一個是他。天魔得其便，一者是他跟天魔的因緣，二者是他起了貪求。他如果沒有貪求，沒事。還有要注重淫念，社會上萬惡淫為首，百善孝為先。凡是一起淫念邪魔一定入體。

是人無端於說法處．得大寶珠．其魔或時化為畜生．口銜其珠．及雜珍寶．簡冊符牘．諸奇異物．先授彼人．後著其體．或誘聽人．藏於地下．有明月珠照耀其處．是諸聽者得未曾有．多食藥草．不餐嘉饌．或時日餐一麻一麥．其形肥充．魔力持故．誹謗比丘．罵詈徒眾．不避譏嫌．

這是說得到珠寶。「是人無端於說法處，得大寶珠，其魔或時化為畜生。」魔化為一個畜生了，口裡銜著珠寶，或者雜寶珠，或者奇異的物品，後著其體。或者誘導人，把這珠寶藏於地下。或者明月珠，藏在地下光還放出來，讓別人看見，感覺到未曾有，這是一種。

還有多吃草藥，不吃五穀糧食；或者一天吃一麻一麥，這個人應該很瘦，他還是很肥胖。「魔力持故」，魔的種種魔術。而且這類的人，「誹謗比丘，罵詈徒衆，不避譏嫌」。

口中好言他方寶藏．十方聖賢潛匿之處．隨其後者．往往見有奇異之人．

行爲不正當，口裡經常說哪個地方有寶藏，哪地方有賢聖藏著。說哪個地方有奇異人；滿口說的話都不是眞實的，這叫什麼呢？詐騙的。

此名山林土地城隍川嶽鬼神．年老成魔．或有宣婬．破佛戒律．與承事者．潛行五欲．或有精進．純食草木．無定行事．惱亂是人．厭足心生．去彼人體．弟子與師．多陷王難．

當方土地變成魔鬼了。他幹的不是正當事，或有宣婬，或有破佛戒律，反正行的都是五欲境界。外表看著他很精進、很修行，不食人間煙火，一般說的是羽仙之類。他做什麼事，沒有一定的。惑亂人，等到惑亂夠了，離開人體了，魔鬼走了。那受魔的呢？「弟子與師，俱陷王難」。

汝當先覺．不入輪迴．迷惑不知．墮無間獄．

你不是貪求宿命嗎？你要知道，不入到輪迴，不知道苦難。迷惑不知，你不知道你做的事是下地獄的事，無間苦難的事。以前還是修行人，現在還是裝扮修行人。但是撥無因果，這類人爲什麼大多是指禪和子呢？不學經、不學律，大家可以看一看。總之陰魔裡頭，沒有一個學戒律的，有學戒律的嗎？

又善男子．受陰虛妙．不遭邪慮．圓定發明．三摩地中．心愛神通種種變化．研究化元．貪取神力．爾時天魔．候得其便．飛精附人．口說經法．

這是受蘊的虛妙，若「不遭邪慮，圓定發明」，因爲他種種的變化，心愛神通，貪取神力，這時候天魔飛精入體。凡是飛精入體一定講經說法，「口說經法」，不然怎麼騙人哪？天魔不能迷惑他；現個天魔說鬼神的事，不行。一定得講佛經講法，騙取人的信任。爾時天魔得到方便了，飛精附體，口說經法。

其人誠不覺知魔著．亦言自得無上涅槃．來彼求通善男子處．敷座說法．

這個受魔的人並不知道自己著魔了，還認爲自己成道了，「亦言自得無上涅槃」，這叫不學無術。他沒有拒絕魔，也沒有學經。他不學經法怎麼認識魔？他若學學《楞嚴經》那沒事了，絕不會讓他入體。他一看《楞嚴經》所說的，這是魔來了。「其人誠不覺知魔著」，還自己說得無上涅槃了。「來彼求通善男子處，敷座說法。」人家來到他這裡來，就陞起座給人講法。

是人或復手執火光，手撮其光，分於所聽四眾頭上，是諸聽人頂上火光，皆長數尺，亦無熱性，曾不焚燒，或水上行，如履平地，或於空中，安坐不動，或入缾內，或處囊中，越牖透垣，曾無障礙，唯於刀兵不得自在，自言是佛，身著白衣，受比丘禮，誹謗禪律，罵詈徒眾，訐露人事，不避譏嫌，

有時候假那個魔力有神通，認爲自己成道了。所以「手執火光」或「手撮其光」，分於所聽。或來聽法的人，一個人給你們一個光，一支火光。「或於空中，安坐不動」，也得現些怪異相，不現些怪異相誰聽他的？爲什麼他能現怪異相呢？魔附體。魔入其心，並不是魔另外有一個魔、有個相，凡是這類天魔的，魔化爲你的身，跟你化成一樣，所以他不自覺知，認爲自己修成了。

著魔了，魔在哪兒？你拿不出來。大家要理解魔就是他的心，不是另外來一個。這陰魔就是你自己的五蘊裡頭生起的魔，他自己的心變了，心裡頭變化了，一定要把這個搞清楚。自己也不曉得怎麼的自己整個腦殼上，就冒了火光，或忽然間來了神通，他認爲修成了，不然這修行人怎麼認為自己修成啊？不是魔有一個魔，他有一個他，那就成了兩個了。他可以認知，魔就是他，他就是魔，是這樣著魔的。不要分開兩個。五十種陰魔就在五蘊裡頭，就是你的心。

在水上行，像走在平地，到火裡頭火不燒，到水裡頭水不淹，在空中上頭能坐能臥，他認為自己的禪修成了，自言是佛，說自己是佛。有時候穿白衣服，「身著白衣」，讓比丘來拜，有時候誹謗禪律。他雖然學禪也謗禪，那戒裡他更謗毀了，「罵詈徒眾，訐露人事，不避譏嫌」。不然怎麼叫著魔呀？這都是他自己的表現。

口中常說神通自在．或復令人傍見佛土．鬼力惑人．非有真實．讚歎行婬．不毀麤行．將諸猥媟以為傳法．

一天當中都在講神通、講自在，令人看見佛土，鬼力惑人，以他的鬼迷惑人。這是心鬼！不是另外有一個鬼，不是眞實的。同時還讚歎行淫，不毀粗行。同時還行淫、猥媟，搞男女關係，就傳這個法。

此名天地大力．山精海精風精河精土精．一切草木積劫精魅．或復龍魅．或壽終仙．再活為魅．或仙期終．計年應死．其形不化．他怪所附．年老成魔．惱亂是人．厭足心生．去彼人體．弟子與師．多陷王難．

全稱爲精了，妖怪了。或龍魅、或者壽終仙，仙人也壽命盡了。仙人或者一千年、二千年，或一萬年，還是要死。壽命盡的仙人變爲鬼魅，這只有在《楞嚴經》上講，那個仙後來都死了、變成鬼了。這是佛說的。要懂得這就是年老成魔，惑亂是人。等他在這個地方待夠了，他離開了，受魔的人還復原狀，什麼都失去了！

汝當先覺．不入輪迴．迷惑不知．墮無間獄．

迷惑不覺，下地獄。以前你說的，做這些事不下地獄，騙人的，一定要下地獄。

又善男子．受陰虛妙．不遭邪慮．圓定發明．三摩地中．心愛入滅．研究化性．貪求深空．爾時天魔．候得其便．飛精附人．口說經法．其人終不覺知魔著．亦言自得無上涅槃．來彼求空善男子處．敷座說法．

「深空」是什麼意思？不但深空，境也空。貪求諸法皆空，修空觀的人坐在那裡冥想，什麼都空了。想一切皆空。貪求深空的，邪魔入體。你不是喜歡空嗎？空魔就來了。但是魔來了，空了，他自己不知道，還認為自己證得眞正的涅槃了，一切皆空。他也敷座說法，給那個想求空的人說法，以魔力加持。

於大眾內．其形忽空．眾無所見．還從虛空．突然而出．存沒自在．或現其身．洞如瑠璃．或垂手足．作栴檀氣．或大小便．如厚石蜜．誹毀戒律．輕賤出家．

他在大衆中沒有身體了，突然皆空了，一切無所有。從虛空中，突然又出現了。能夠入空出空，這個他感覺成就了，身體自在，同時把身體盡如瑠璃一樣的光明透徹；乃至於從他身體的各部份，放出栴檀香，他解出來的大便小便像蜂蜜、像石蜜一樣，非常的甜。那他就誹謗戒律，輕賤出家，他認爲自己成道了。這是魔境，不是道業。

口中常說無因無果．一死永滅．無復後身．及諸凡聖．雖得空寂．潛行貪欲．受其欲者．亦得空心．撥無因果．

口裡常說無因無果，一死永滅，沒有後生，這是斷滅論。斷滅知見，一切凡聖全是空的。

但是他的貪欲可作了，「潛行貪欲」，受他行欲的也得空心；這個空心是撥無因果的，不是證得眞空的。若是證得眞空，那成阿羅漢了。若不是的，他撥無因果。這是哪一類的呢？

此名日月薄蝕精氣．金玉芝草．麟鳳龜鶴．經千萬年不死為靈．出生國土．年老成魔．惱亂是人．厭足心生．去彼人體．弟子與

師．多陷王難．

「此名日月薄蝕精氣」，專門蝕精氣的鬼，附他的體，「金玉芝草，麟鳳龜鶴，經千萬年不死爲靈。」靈性的。「出生國土，年老成魔」，這叫魔。年紀大了成爲魔鬼，「惱亂是人」，惱亂完了不想鬧了，玩夠了就離開了。他離開了，被他附體的這個弟子跟老師，全墮招搖惑衆，受了王難。

汝當先覺．不入輪迴．迷惑不知．墮無間獄．

貪求深空。貪求空，其實不空，後來下到無間地獄。

又善男子．受陰虛妙．不遭邪慮．圓定發明．三摩地中．心愛長壽．辛苦研幾．貪求永歲．棄分段生．頓希變易細相常住．

陰魔是心愛什麼就變什麼，什麼魔就入體。心愛長壽，長壽魔就來了。心愛虛空，頑空魔就來了。「貪求永歲」，就是永遠生存。「棄分段生」，希望永遠不變易，常住不滅。

爾時天魔．候得其便．飛精附人．口說經法．其人竟不覺知魔著．亦言自得無上涅槃．來彼求生善男子處．敷座說法．

這個時候天魔得其便，「飛精附人，口說經法」，其人畢竟不覺知魔著。已經著了魔了，他不知道，還認為證了無上涅槃，「來彼求生善男子處，敷座說法。」若到他這兒來求說法的、求生存的，他則給人說法。

好言他方往還無滯．或經萬里．瞬息再來．皆於彼方．取得其物．或於一處．在一宅中．數步之間．令其從東詣至西壁．是人急行．累年不到．因此心信．疑佛現前．

「他方」來請他說法，他不說此地，而是說他方。或者經一萬里，或者經更遠，瞬息之間就到了。他說：「我能到雲南取個東西！」他到那裡就拿來了。這是事實！遊通（參考〈注維摩詰經〉卷五），這是老鬼的鬼通。「或於一處，在一宅中，數步之間，令其從東詣往西壁，是人急行，累年不到，因此心信，疑佛現前。」懷疑是佛現前了。

口中常說．十方眾生．皆是吾子．我生諸佛．我出世界．我是元佛．出世自然．不因修得．

他所有的語詞超乎常人，所有十方衆生都是我的兒子。「我生諸佛」，一切諸佛都是在我這兒出生的。「我出世界，我是元佛」，一切佛，我是第一個，諸佛的先佛就是了。「出世自然」，不假修而自然得。「不因修得」，不用假修，自然就得了。

此名住世自在天魔．使其眷屬．如遮文茶．及四天王毗舍童子．未發心者．利其虛明．食彼精氣．或不因師．其修行人．親自觀見．稱執金剛與汝長命．現美女身．盛行貪欲．未逾年歲．肝腦枯竭．口兼獨言．聽若妖魅．前人未詳．多陷王難．未及遇刑．

先已乾死，惱亂彼人，以至殂殞。

「此名住世自在天魔，使其眷屬，如遮文茶，及四天王毗舍童子，未發心者，利其虛明。」利他是虛假的，不是眞名，是假名。

「食彼精氣，或不因師，其修行人，親自觀見，稱執金剛與汝長命，現美女身，盛行貪欲，未逾年歲，肝腦枯竭。」肝死了，腦乾了。「口兼獨言，聽若妖魅，前人未詳。」他所說的話，別人聽不清楚了。「多陷王難，未及遇刑，先已乾死。」等不到遇刑的時候，他就乾死了。「惱亂彼人，以至殂殞。」

汝當先覺，不入輪迴，迷惑不知，墮無間獄。阿難當知，是十種魔，於末世時，在我法中，出家修道，或附人體，或自現形，皆言已成正徧知覺。

佛坐在這兒對阿難說，這十種魔在末法的時候，於我法中出家修道，「或附人體，或自現形」，附人體來說，或自己現形來說，自己已成正徧知覺。說自己已經成佛了，成佛了要作些什麼事呢？

讚歎婬欲．破佛律儀．先惡魔師．與魔弟子．婬婬相傳．如是邪精．魅其心腑．近則九生．多踰百世．令真修行．總為魔眷．

「讚歎婬欲」，這是顛倒了。「破佛律儀」，佛的戒律一律不守。先惡魔師，以魔爲師，「與魔弟子，婬婬相傳」，就盡做淫欲的事情。邪精，「魅其心腑」了，近則或九生，遠則逾百世，「令眞修行，總爲魔眷」。眞修行人跟他不會連在一起的，都是他的魔眷屬。這個時候去佛的時間遠了，衆生的善根薄弱了。

本來是想出家，或者想信佛修道，緣不具足，跟他結了緣了，這是先遇魔事，反而成了魔的眷屬。以魔爲師，這還不爲魔的眷屬嗎？但是魔師跟魔弟子，原是以淫欲爲本，「婬婬相傳」。

命終之後．必為魔民．失正徧知．墮無間獄．

命終之後，一定成了魔民，魔子魔孫。「失正徧知，墮無間獄」，這類人還不下無間地獄。命終之後，一定是魔民，邪見甚深，正見日壞，正見就沒有了。魔見越深，正見越沒有了。亡失正徧知覺之佛性，墮無間地獄。

汝今未須先取寂滅．縱得無學．留願入彼末法之中．起大慈悲．救度正心深信眾生．令不著魔．得正知見．我今度汝．已出生死．汝遵佛語．名報佛恩．

佛告阿難說：「你現在不要取寂滅，不要成阿羅漢，要在後世度一切眾生，救度這些迷信眾生。令他們不要著魔，得正知見。」佛跟阿難說，「我今度汝」，我現在度了你了，已經出生死，你要聽我的話，要報佛恩，怎麼樣報法呢？度這些眾生，就這樣報佛恩。

阿難．如是十種禪那現境．皆是想陰用心交互．故現斯事．

這十種都是禪那的現境，通通是想蘊發心。色受想行識這五蘊當中的想蘊。所以應該度衆生，讓他們超出，不被現境、不被魔事、不被想蘊所覆。覆就是覆蓋的意思。

衆生頑迷．不自忖量．逢此因緣．迷不自識．謂言登聖．大妄語成．墮無間獄．

佛跟阿難說：你要知道衆生頑迷，頑固不化。自己不思量自己，「不自忖量」，就是不考慮，逢到迷的因緣了，自己不認爲是迷，還認爲成了，登聖了。這是迷中之大迷，大妄語戒。不說犯別的戒，明明是迷了，還不認識迷，墮無間地獄。

汝等必須將如來語．於我滅後．傳示末法．徧令衆生開悟斯義．無令天魔得其方便．保持覆護．成無上道．

佛囑託阿難：一定要把我所說的話傳給末法衆生，讓他們明白這個道理。別讓天魔得了方便，把法身慧命給斷了。你們應當保持覆護，成無上道。

行蘊的十種陰魔

大佛頂首楞嚴經　卷第十

阿難．彼善男子．修三摩提．想陰盡者．是人平常夢想銷滅．寤寐恆一．覺明虛靜．猶如晴空．無復麤重前塵影事．

現在講到第十卷的經文，《楞嚴經》快要圓滿了。

這個修行人的想蘊盡了，行蘊的相生出來了，想蘊的魔境沒有了，夢想消滅。修行到這種境界，功力很強了，一切的幻想都沒有了。我們經常生出很多幻想，那都叫想蘊。開始修行蘊、斷行蘊，行是動作的意思，起心動念都屬於行蘊。所有一切的浮想，妄想消失了，這叫想蘊盡了。一切幻想、一切雜念消失了，也就是我們的夢想都消滅了。

這個時候不只在你經行的時候，好比白天，當然白天有些幻想，白天的幻想不說了，夜晚上作夢，一切的夢境全部沒有了。不論醒時、寐時，行、住、坐、臥，這個想蘊斷了之後，夢想消滅了。這時候，醒著、休息乃至睡覺作夢，你那個心，「覺明虛靜」，明明白白的，睡覺跟醒著一如，就像那個沒有雲彩的太陽一樣的，像晴空一樣，這是比喻。

修行修到行蘊地位的菩薩，沒有前塵影事了，這裡頭也包括法塵。我們現在還沒有到法塵境界。這時候他來認識世界，依正二報，有情無情，他是怎麼看的山河大地？

觀諸世間大地山河．如鏡鑑明．來無所黏．過無蹤跡．虛受照應．了罔陳習．惟一精真．生滅根元．從此披露．見諸十方十二眾生．畢殫其類．雖未通其各命由緒．見同生基．

「觀諸世間大地山河，如鏡鑑明。」像鏡子照像一樣的，來就現，去就消，沒有一點罣礙。「虛受照應，了罔陳習，惟一精眞。」心跟境，心境都是空幻的、虛假的，這個時候心照境，認識境是虛妙的，不被境所轉移。〈八識規矩頌〉上有這麼句話，「性境現量通三性」，這個時候的行者，他的性境就像那個鏡子的光明，能洞徹一切，魔來魔現，佛來佛現，毫無分析的。所有山河大地的影像，照了無疑。

「虛受照應，了罔陳習，惟一精眞。」這個時候，他認識到一切虛妄境界；唯心所現，一眞境界都是唯心的。

一切諸法生滅的根元，全都現露在前，生滅的根元從何生起的？從何滅的？這時候滅到什麼地方呢？八識，「去後來先作主翁」，七識的種子微細生滅，這是行蘊的根本，以七識爲主。

生滅都是從七識傳送出來的，這個時候見十方一切衆生，「畢殫其類」，殫是盡的意思，盡是他那一類。雖然沒證得、沒通，還有緒命的相緒。「見同生基」，同生的基礎是什麼？這個時候，識蘊都能明了。但是還是識，還沒有到菩薩的智慧境界。

猶如野馬，熠熠清擾，為浮根塵，究竟樞穴，此則名為行陰區宇。

「熠熠清擾」，就是行蘊的一切動想。這是在行蘊當中，行蘊的一些動想，浮起浮滅，生起了消失了，不隨它執著，就叫熠熠生光。根和塵都能清楚了了，這是行蘊（陰）的區宇，行蘊的境界相。行蘊的相是很輕清的；一個是輕重的輕，一個是清淨的清，我們則是沉濁，既不清也不淨。

修行到這地方很不容易了。「爲浮根塵」，究竟是根所現、塵所現的根穴，就是外頭塵境界，乃至於根身器界，這是十二類衆生，各個都有差別。「穴」字是門徑的意思，「究竟樞穴」，所經過的門徑，就是那門軸轉旋處，樞是門軸、門開、門閉，就是行蘊的區宇。

若此清擾熠熠元性．性入元澄．一澄元習．如波瀾滅．化為澄水．名行陰盡．是人則能超眾生濁．觀其所由．幽隱妄想以為其本．

前頭的想蘊斷了，現在是行蘊。我們被想蘊所染，盡入行蘊，「若此清擾」，這是顯露我們一切妄的根元，妄從何起的？運動來的。這清清擾動是生滅的那個根元、那個體性，因爲他的定力深了，覺到這樣子，他的定力一深，那水就澄淨了；澄淨了，一切波瀾都消失了。水的清淨，水的熠熠，澄水就現一切相的意思。

這個性就像那澄水一樣的，過去的習氣都不起了，波浪都不起了。澄淨的水，說你那個心情一到想蘊盡了，行蘊當中，行蘊也將盡，這個人就能夠超一切衆生的濁。煩惱濁、衆生濁，這衆生濁就清淨了，能夠認識到極微細的、極隱密的妄想。無明從何起？妄想從什麼地方來的？這個時候能夠知道它的根本，再往前進一步就是八識的見分。

現在是八識的相分，能夠清淨過去八識幽隱的妄想，那是根本。這時候只能清淨，不是斷除，還沒有達到那種功力。

阿難當知．是得正知奢摩他中諸善男子．凝明正心．十類天魔不得其便．方得精研．窮生類本．於本類中生元露者．觀彼幽清圓擾動元．於圓元中．起計度者．是人墜入二無因論．

修行的功力到了這種情況，「阿難當知」，這個是得正知，明白自己的正性，你在修止的當中，奢摩他中，凝靜下來了，發明他眞正的心。

在這個時候有沒有魔業呢？一切外道也可以修到這個程度，他不是正業，這裡頭要詳加分辨；印度外道跟阿羅漢差不多了，能知八萬大劫的生死事情。但是他不是正道，在這裡就分辨了，正和邪，一個計無因的，一個順佛教導，知道一些境相得正知的，還有邪慮的。道高一尺魔高一丈，邪慮的也不簡單，要辨別邪正。

阿難你當知！「奢摩他中諸善男子，凝明正心。」那個心靜到相當一個程度了。外道、魔鬼有沒有修到這樣的地步呢？也有。但不是正見的，這個時候就要辨別邪正，共有十類天魔。我們說天魔清擾有十類。想潛入修行人，辦不到，因爲修行人的定力相當強。

所以「方得精研，窮生類本，於本類中生元露者。」「元露」就是本性的境界，到了這個時候，他能夠不動、不惑、正心，不動定，沒有疑惑的慧業，照見明了，定跟慧能夠達到均等。十類的天魔想找這修行人的空隙，沒有了！不像在想蘊當中魔得其便，乘虛而入，等到行蘊菩薩修到這個程度，魔不能得其便。這十類天魔都不得其便。

「精研窮生類本」，精研這十二類衆生，我們平常講的生滅跟諸業轉，有色的、無色的，有意識的、沒意識的，有妄想的、沒有妄想的，有化生的，有胎、卵、濕生的，總之是這十二類衆生，這是他們一切的生滅，簡單的說是生死的根源。

菩薩在定中所見的境界相，這個時候他的定是「凝明正心」，不動搖，是清明照了，沒有惑。心正不動定，不惑慧，不疑惑的智慧，定跟慧力均等。因此十類天魔想找個空隙進入菩薩修行的境界，不可能！進不來了，沒有空隙給魔鑽。

所以「生元露者，觀彼幽清圓擾動元，於圓元中，起計度者，是人墜入。」墜入什麼呢？二無因論，墮到無因。

這種功力相當的深。什麼叫「生元露」？你的本類生元露，「生元露」就是明到邪知邪見，或者一切是非。什麼叫外魔？什麼叫內心作業？這有內心作的業；造業了，內心作的業，有外來的魔障，行蘊的十二類眾生，行蘊的根本甚深，就是生滅的因緣，不是很容易顯露的。那麼要找它顯露的地方，行蘊的根源就是幽清。

「觀彼幽清」，觀察行蘊擾動的因緣，這就是修行達到想蘊已盡，那就觀行蘊，修行的行蘊。這個行蘊非常的輕，非常的清淨，就叫輕清。非常的幽密，不是明顯的，非常隱晦，叫幽隱輕清。這十二類眾生，每一個是最根本的，他的行蘊遷流，微細動向，菩薩就觀一切眾生的行動，不起妄想，不起妄境，不起分別，這就破行蘊了。

「於圓元中，起計度者。」這個就表明了想蘊滅盡，受、想、行、識的想蘊滅盡，天魔依想蘊還有，到了行蘊就沒有了，見不著魔了。想蘊的因有，行蘊的魔就盡了。想蘊消除了，精研行蘊。想蘊滅行蘊顯露，行蘊顯露，要找行蘊的時候，沒得實體。因爲這個是依他第七識，七識就叫圓元，擾動群衆的元，是一切衆行的本，也是一切生滅根源。生滅根源，八識經過七識的傳送，到達第六意識，現在這種二因都斷絕了。

本無因，末無因。本無因，本是沒因的，末也無因，就叫二無因。解釋這種二無因，專有一部大論，叫「二無因論」。

外道也是修心的，但是邪的，他那種解釋是邪的解釋，所以叫惡見。依佛所教授的解釋叫正見，不是妄計的。爲什麼？因爲外道只修到八萬大劫，八萬大劫以後的事不知道了，他認爲到八萬大劫就止了，以後的事他不知道了，就說沒有了到此爲止，所以稱爲惡見。

之所以會墮入「二無因論」，是因爲印度外道的禪定功夫也修得很深的。但是不知道有八識存在，他不知道的就說沒有，八萬大劫以後的事沒有了，就叫冥論，幽冥的冥、陰暗的冥。這是外道所墮落的。八萬大劫以後的無量大劫，佛都能知道。但是你得先把行蘊斷滅了才能知道。

爲什麼他這樣解釋無因呢？以下就解釋了。

一者．是人見本無因．何以故．是人既得生機全破．乘於眼根八百功德．見八萬劫所有眾生．業流灣環．死此生彼．祇見眾生輪迴其處．八萬劫外．冥無所觀．

「是人」是指修道者，不是依佛道。修禪行的人執著計度，他的修行只觀到行蘊盡了，往後他不知道了。他把行蘊盡的現象，認爲就是明，認爲這個就是他的本覺了，認爲是究竟了。

他把行蘊盡當成生滅之源，佛講的是八萬大劫以後的時候，事情還多的很。他認爲這是無因而起，那個本無因他還見不到，這是行蘊。「生機」，生起的機就是行蘊。行蘊顯露之後，眼根能夠觀察到，眼根有八百功德，能盡其量，能把行蘊的量盡到，就八萬劫內所有的眾生，遷流、循環、轉化、生死輪迴，都能一一了知。

此生彼滅，彼滅此生，就捨生趣生，輪迴在八萬大劫之內，八萬大劫之外呢？冥頑無知。因爲他見得八百功德，八萬劫所有的衆生，業流循環，此生彼滅，彼滅此生，就是衆生輪廻之處能知道。八萬劫外呢？冥無所現、冥無所觀。他的知識只能在八萬大劫之內，八萬大劫外頭的事就不曉得了。

便作是解．此等世間十方衆生．八萬劫來．無因自有．

這裡所說的是外道，說十方衆生八萬劫來，無因自有。他只看到八萬大劫，八萬大劫以前，沒有因了！無因自有，冥無所觀。這是佛向阿難分析的，那跟佛教有所不同。

由此計度．亡正徧知．墮落外道．惑菩提性．

「由此計度，亡正徧知。」正徧知他沒有，有了就不是外道了，因此墮落爲外道。惑就是迷惑，迷惑就說不清楚了。但是菩提正覺之性，他根本不理解，不理解就是迷惑，迷惑就是他不知。這是一種外道。他認為是無因，八萬大劫以前他不知道，也就是無因。

二者．是人見末無因．何以故．是人於生既見其根．知人生人．悟鳥生鳥．烏從來黑．鵠從來白．人天本豎．畜生本橫．白非洗成．黑非染造．從八萬劫．無復改移．

這是解釋無因，為什麼說無因呢？根據他所研究的，他所看見的人以及一切生物，在受形之始，在八萬大劫中間都沒有什麼改變。他說之前既不改變，以後也不會改變了；前既不變，後也不移，前後都不變。在這個圓滿當中，計度的人執著這個，拿這個當成聖性。過去的他不知道，往過去推就無因。八萬人劫以前他不知道，不知道他就無知了。無知了，他們認為一切法無因自生。這跟佛所教導的完全不一樣。

「是人於生既見其根」，所以看見衆生八萬大劫無根，因為他不知道，就認為沒有。無根就是無因而有，所以他認為這十二類衆生，都是自然而然的生的，不是有因生的，這叫自然外道。後面是跟外道辯論生因。

今盡此形．亦復如是．而我本來不見菩提．云何更有成菩提事．當知今日一切物象．皆本無因．

你現在壽命盡了，亦復如是。說人死了一定還生人，鳥死了一定還生鳥，你不能改變，這是外道所計的。所以你「盡此形，亦復如是」。不見菩提，他不懂得菩提的道；說人能成佛，他不知道。「不見菩提」，他認為菩提沒有，「云何更有成菩提事？」還能成佛呀？他不相信。他認為一切事物都是沒因的，無因而生，說一切物象皆無本因。那個形盡了，完了還生這些形，不會改變的。因為在八萬大劫之前，他沒有見到有十二類眾生，因此說以後的一切物象都沒有因，這是外道的妄計。

由此計度．亡正徧知．墮落外道．惑菩提性．

他沒有正徧知，這個計度「亡正徧知」。亡就是沒有，沒有正徧知，墮落為外道。他迷了菩提的覺性，這是什麼迷的呢？惑迷菩提性，這叫無因論。

是則名為第一外道．立無因論．

就當時印度的情況，這一類外道所立的是無因論。他只知道八萬大劫以前的事，八萬大劫以後不知道了。不知道就認爲沒有，所以叫無因論。

阿難．是三摩中諸善男子．凝明正心．魔不得便．窮生類本．觀彼幽清常擾動元．於圓常中．起計度者．是人墜入四徧常論．

佛又向阿難解釋另一類的外道衆生，在「三摩中」，就是大定當中，這個善男子能夠使他的心入於正定。正定發生了明，這個明就叫正心，魔不能得入。

「窮生類本」，達到盡處了，就是一切生物的緣起，「觀彼幽清，常擾動元」。說在修正定、正慧的當中，凝明不動的那個心，明照不惑，就叫凝明不動。

於這種陰魔四種境界相，不起愛求，惑不能擾，對於「飛精附人」（飛精附人就是魔入），魔一來，修道者就感覺到明白了，魔不能入。他這個定慧均等的心，使魔不得其便。到了行蘊的時候，魔想進入這個修行者，辦不到了，魔不能入。

修行者的想蘊破了，行蘊現前了，能夠窮十二類眾生；十二類眾生如何生的？如何滅的？這個叫幽清。幽是幽靜的，清是輕清的，幽隱輕清不能擾動。計度就是周徧尋求，在這圓常當中周徧尋求，修道者就墜入「四徧常論」。

「四徧常論」就是在這個修行當中，「於圓常中」生起一種計度，計度就是起念，一起念墮落了「四徧常論」。四徧常論，下面會分別講。

一者．是人窮心境性．二處無因．修習能知二萬劫中．十方眾生．所有生滅．咸皆循環．不曾散失．計以為常．

窮心的境界，把心的境界窮到底，找心的境界。「二處無因」，修習能知道二萬劫中，十方的眾生所有的生滅、所有的循環，不曾散失也就是沒有失掉。心、境兩法，他能知道二萬劫，這個眾生怎麼生的？怎麼滅的？都能知道。這個就叫行蘊。

一切眾生的行蘊，就是心跟境兩種，窮究他的本元。心、境兩處二萬劫前是怎麼有的？二處無因。因為心、境想計著常，因為計著常，要找他的原因，心跟境無因，修習能知道；但是這個外道所知道的只是二萬劫，二萬之前他不知道，不知道就認為無因。這個二萬劫的循環不斷，沒有散失過，這是常。這是第一個，只知二萬劫。

二者．是人窮四大元．四性常住．修習能知四萬劫中．十方眾生．所有生滅．咸皆體恆．不曾散失．計以為常．

第二種的外道，「是人窮四大元，四性常住。」修習能知，能知道好多？比前加一倍，四萬劫中，「十方眾生，所有生滅，咸皆體恆。」體恆者，恆常不變的，恆是恆常，體恆不變。沒有散失過，計之為常，把它計成是常恆不變的，四萬劫中生滅相循環不變，這是八識的相分。

四大還沒有消，眾生都以四大為體，地、水、火、風四大常；而眾生也是常，這是第二種。這是約計著心。心跟境，計著他的常。第一種人他只能知道二萬劫，第二種人只能知道四萬劫。

三者・是人窮盡六根末那執受・心意識中本元由處・性常恆故・修習能知八萬劫中・一切衆生循環不失・本來常住・窮不失性・計以為常・

第三種人是講計常的。「是人窮盡六根末那執受，心意識中本元由處，性常恆故，修習能知八萬劫中。」這又加一倍，四萬劫比二萬劫加一倍，八萬劫比四萬劫又加一倍，這叫八萬大劫。

「一切衆生循環不失」，不失它的本體。能觀一個衆生在這八萬大劫中循環，「本來常住，窮不失性，計以爲常。」這是常見外道，他看八萬大劫的這個衆生，沒有失掉。

這末那的執受（末那就是染汙識），末那是七識，恆審思量，他依著八識的心數（參考〈楞嚴經指掌疏〉卷十），「本元由處」就是八識，八識的性常不變，他這個因是指修行，他能知道八萬大劫，一切衆生循環不失。因爲他知道一切衆生都具足八識，八識體常而衆生也常，所以不失性。這種外道執著計常的是根據衆生的八萬劫，八萬劫以前就不知道了。

四者，是人既盡想元，生理更無流止運轉，生滅想心，今已永滅，理中自然成不生滅，因心所度，計以為常。

「四者，是人既盡想元」，都說著執著常見的，「生理更無流止運轉，生滅想心，今已永滅，理中自然成不生滅。」這是指八萬劫。「因心所度，計以爲常。」這類人的執著，想盡了就叫常，他執著於常，既盡想蘊，把想蘊的根元盡了，這是行蘊。想蘊根元盡了，現在是行蘊，生理上是行蘊，不是想蘊了，這個是生滅的根元。

在一切衆生當中窮妄想，妄想盡了、生滅盡了，就認爲成就了，沒有妄想了，一切事業成就了。妄盡還元，還你本來的面目，一切妄息了。但是不是八萬劫。外道他只知道八萬劫，這是無量億劫。他只是看到八萬劫相續不斷，他認爲生滅已經滅盡了，自然成了不生滅了。這是絕對錯誤的，所以稱爲外道。他不知道行蘊是第七識，第七識是微細流注，不是眞的不生滅，還沒有達到不生不滅。

由此計常，亡正徧知，墮落外道，惑菩提性，是則名為第二外

道．立圓常論．

上面這些論斷全是外道。因爲八萬大劫以後，他不了解了，他就說一切法是常的，計常。不是正偏知，「亡正偏知，墮落外道」。對菩提性、菩提的性體迷惑，是則名爲第二外道。「立圓常論」。

大家先要知道這段經文的立意，這都是指修禪定的。修禪定的人，不學教理。我們學教理的人，知道什麼是小教？什麼是始教？什麼是終教？什麼是圓教？每一教義裡頭定的，在這小教的時候如何說？終教又如何說？不學教義的人會亂說的。學教義的人懂得，雖然他沒有證得，也沒有修道，但是他因爲從學佛說的；乃至祖師定的教義。在這裡頭學教還分了，四教有四教儀，五教有五教儀。教跟儀式，兩個都得明了，明了依教來定，他不會亂說的。這些是學禪定的，不依教義的，都是外道天。常見的外道，他認爲一切法皆常，但是只是八萬大劫，八萬大劫以上的就不知道了。

又三摩中諸善男子．堅凝正心．魔不得便．窮生類本．觀彼幽清

常擾動元．於自他中．起計度者．是人墜入四顛倒見．一分無常．一分常論．

這裡說行蘊的顛倒，計四顛倒。一分無常，一分常論。這都是顛倒衆生所想的。在三摩地修禪定的當中，共有四種顛倒相。「諸善男子，堅凝正心，魔不得便。」天魔進不來的。「窮生類本，觀彼幽清常擾動元，於自他中，起計度者。」起計度要注意，問題在計度者。「是人墜入四顛倒見，一分無常，一分常論。」行蘊當中，這是第三個，計這四顛倒。一分常一分無常，雙計常與無常，這就是四顛倒。

如何來解釋呢？七識執著八識的見分，以八識見分爲我，執著我能生他，我是常能生他，他是無常，這是一種。或者執著我從他生，又執著他常，我無常，這又是一種。又於自他中起執著，一分常一分無常，這叫四顛倒。我常他無常，他常我無常，一分常一分無常，四種顛倒。

這是說把修行者的心定下來，定慧均等，這叫堅凝。「堅凝正心」，定慧不均等是不堅凝，堅凝就是堅固爲元不動。若能達到這樣的程度，魔不得其便，魔沒有辦法進入，這才是窮生類的根本。

「觀彼幽清常擾動元，於自他中，起計度者。」是人墮落了四顚倒見。無常計常，無我計我，不是常的計常，不是那麼的常，都是有一分無常一分常，這叫顚倒見。在自他的法中，妄籌計度，這叫墜入。一分常一分無常，四顚倒再顚倒一次。這顚倒見，或者徧常，或徧無常，四顚倒見。以下分別的解釋。

一者．是人觀妙明心．徧十方界．湛然以為究竟神我．從是則計我徧十方．凝明不動．一切眾生．於我心中自生自死．則我心性．名之為常．彼生滅者．真無常性．

這個人觀他妙明心徧十方界，「湛然以爲究竟神我，從是則計我徧十方，凝明不動。」我徧十方，凝明不動；把無常計作常，但觀自己，一切衆生都在我的心中，自生自死。一切衆生在我的心中，自生自死，但我的心性不動，沒有生滅的，所以叫名無常性。這叫眞無常性。在印度外道就是冥諦，幽冥的冥。

但是這種外道他一入定，了知八萬大劫；八萬劫外，冥然無知。所以叫自冥外道。冥是幽暗，冥頑無知不曉得了，所以他立冥諦，他的教義是冥諦。冥諦爲能生，能生什麼呢？中間裡頭有二十三法，這二十三法產生神我，神我就是能受用的，這二十三法是他所受用的。

若想研究這二十三法，需要幾年的工夫專門研究印度當時的外道。研究外道就可以明正道了，說一切衆生在我心中自生自死，自然生自然死，這是外道的論調，所以說無常。

二者．是人不觀其心．徧觀十方恆沙國土．見劫壞處．名為究竟無常種性．劫不壞處．名究竟常．

「二者，是人不觀其心，徧觀十方恆沙國土。」他一觀是不觀他自己的心，而是觀十方。十方有成劫，有壞劫，劫有壞，見劫壞了，名爲究竟無常性；劫不壞，名爲究竟常性。這叫顛倒見。國土壞與不壞，跟常見跟斷見是兩回事。

衆生執無常，至於國土，他不知道這國土是常住的、是壞的？定中不觀自己而觀十方，劫壞就叫無常，劫不壞就叫常。這是用他的心觀十方恆沙國土，成、壞不一，見這個時候劫壞了，這個時候這個國土成了，成就了，那就不壞了。

見劫的壞與不壞，他不知道。這種現象都是暫時的，要經過二十小劫。他不知道這麼多，以他所理解到的，認爲那個八萬劫是究竟眞常的。

成壞是隨外邊的緣。佛教講萬法從緣生，一切都是因緣生的，因有壞；這個壞就是無常，不能因此而執常，這個道理就是破外道的，外道並不懂。

三者．是人別觀我心．精細微密．猶如微塵．流轉十方．性無移改．能令此身即生即滅．其不壞性．名我性常．一切死生從我流出．名無常性．

一切衆生從我流出；我性常，一切衆生無常，一切衆生從我常流出的無常，這是有一類的外道所執著的。他觀自己的心，觀自己的身，認爲身心是常的；那一切衆生是依著我而生的，依著我而滅的，是無常的。

四者．是人知想陰盡．見行陰流．行陰常流．計為常性．色受想等今已滅盡．名為無常．由此計度一分無常一分常故．墮落外道．惑菩提性．是則名第三外道．一分常論．

這個修行者知道想蘊已經完了，現在進入行蘊流。行是運動義，是常流的。他把這個計爲常性，就是流動的常性。他認爲色、受、想蘊滅盡了，這叫無常性。那我這個行蘊是常的，因此他計度，一分無常一分是常，所以才墮落爲外道。對於菩提性不能知、迷惑，是謂第三外道，一分常論，這都是顚倒想、顚倒見。以下是四有邊論。

又三摩中諸善男子．堅凝正心．魔不得便．窮生類本．觀彼幽清常擾動元．於分位中．生計度者．是人墜入四有邊論．

「又三摩中諸善男子，堅凝正心，魔不得便。」在他入定的時候，修定的時候，心正，魔沒辦法動搖，魔沒法進入。「窮生類本，觀彼幽清常擾動元，於分位中，生計度者，是人墜入四有邊論。」行蘊第四計（計度的計），這叫有邊論。以定力來研究想蘊的盡處，行蘊現前了，想蘊盡；行蘊現，這個行蘊執著是有邊，或者執著是無邊。行是運動義，兩個都是不正確的，都是妄計。

一者．是人心計生元．流用不息．計過未者．名為有邊．計相續心．名為無邊．

「計過未者」，這叫有邊，「計相續心」，這叫無邊。計有過去、未來，這是在有邊，他說明在行蘊的十二類生，生滅的根元，這是遷流的，是業用的，是循環不息的。定中他見到行蘊流注不息，過去已經滅了，未來還沒來，因此不見行蘊邊。這種的相續不斷，過去、未來就在這個地方，他想見個邊，遷流不息，循環不止，他見不到一個邊。沒有間斷，無間斷就叫無邊，行蘊遷流不止沒有間斷的，所以說沒有邊。相續心沒有邊，想找個邊際，這是第一個。

二者．是人觀八萬劫．則見眾生八萬劫前．寂無聞見．無聞見

處．名為無邊．有眾生處．名為有邊．

是人現八萬劫，觀八萬劫，這是修道的外道。他看見八萬劫這一切眾生，只能看到八萬劫，八萬劫以前呢？他不知道了。既無聞見，他沒見到，無聞無見就無邊，有衆生處，就叫有邊，不見的時候就叫無邊。這是相對的。一個有邊一個無邊，他的定力看到八萬大劫的衆生，生了滅了、滅了生了，輪迴不停。八萬大劫以前，沒有聞也沒有見，他是冥然的，也就是不知道，自己不見不聞，卻認爲這是無邊。

又見衆生生滅相續，他不知道這是業緣，業所顯現，沒有什麼有邊無邊。有業就現，無業就沒有。八萬大劫之前，他見不到、聞不到，也沒有處所，他認爲那就是無邊。這是外道的思想。

三者．是人計我徧知．得無邊性．彼一切人現我知中．我曾不知彼之知性．名彼不得無邊之心．但有邊性．

「彼一切人現我知中。」一切人都現在我所知的當中，「我曾不知彼之知性，名彼不得無邊之心，但有邊性。」而彼一切衆生現我知處的，我知。沒現我知處的，我不知。那麼彼此的性，因爲不得；我不知就叫不得，無邊的心性，但名有邊心性。

這要如何理解呢？他是在定中，現我所知處，一切衆生現在我知中，那叫有邊；我不知的，叫無邊。一切衆生現我知處，是我得到的，無邊性的。彼諸衆生的知，不現我知之中，那叫無邊。這種道理是外道執著的知見。

四者．是人窮行陰空．以其所見．心路籌度．一切眾生一身之中．計其咸皆半生半滅．明其世界一切所有．一半有邊．一半無邊．由是計度有邊無邊．墮落外道．惑菩提性．是則名為第四外道．立有邊論．

雖然是半生半有，他是偏於有邊的多。現在講這個陰魔，是說在修行當中，他心裡所現的一切境界相，在他自己一生之中，半生半滅，一半有一半無。落於有邊一半，落有無邊一半，想蘊盡了，進入行蘊。行蘊，從名義上大家都知道了，行是不停的。它在運行，永遠不停的，遷流不息，這是離開文字相的。

當你想什麼事情的時候，想它成功、不成功，自己的思想當中沒有決定性的。以生滅來計，一半落於有邊，一半落於無邊。想蘊盡了，行蘊遷流不息。色、受、想、行、識，色蘊是有相的，受、想、行、識是你心裡的作用，心裡想一個問題，想完了去做，做就是行。

這種行是沒有行相的，第七識是把八識的種子傳給前六意識，來回這樣的傳播而已，不停的行動，一半是有、一半是無。說一切衆生在他的身中半生半滅，那麼一半是有邊，一半是無邊。他覺得生的時候是在有邊，滅的時候是在無邊，行蘊本身是空的。

從根本上說，色是有色相的；受、想、行、識全是空的，沒有形相的。因爲心法具足，所以身體所作的，半生半滅。這個世界究竟是有？究竟是無？一半一半。它有的時候就是有，無的時候就是無。有中要有無，無中又要有，自己用思想去想，你想一切事物的時候，也許成功也許不成功，也許做得到也許做不到。當你識不到、見不到，那就是無；能見得到的、能認識到的，那就是有。有時候感覺得有，有時候感覺沒有，所以一半一半，半生半滅，這是思想上的計度。或者計度在有邊，計度在無邊，這個思想就是外道的思想，墮落外道了。

每一段經文都有個惑菩提性，對菩提產生迷惑；惑菩提性，不是明了的，而是迷惑的，這就是第四外道。第四外道多數偏重於有邊，這叫有邊的外道。

又三摩中諸善男子．堅凝正心．魔不得便．窮生類本．觀彼幽清常擾動元．於知見中．生計度者．是人墜入四種顛倒不死矯亂．偏計虛論．

在這個大定當中，有一些修行的人，「諸善男子」是專指修三摩地的人，產生一種矯亂的思想。本來堅定正心，在正入定的當中，不偏不倚，「魔不得便」。他在定心當中，魔不能進入，這四種顛倒知見當中，他是「窮生類本，觀彼幽清常擾動元。」「常擾動元」就是犯錯誤，落外道的知見了。

然而在這知見之中，他生起一種計度心，這就墜入了四顛倒。「不死矯亂，徧計虛論」，這叫四種顛倒。外道生到無想天去，叫不死天，從此永遠不變了，到了無想天的外道，叫不死天。遇到有人問他，他就說，從此而後不會再死了。這是因爲他認爲八萬大劫以前的事，他知道了，八萬大劫以後的事他不知道；他卻答覆你，不死。因爲他把無想天認爲是不死天。

外道不知道他還是會死的，還是要滅的，八萬大劫以後的事他不知道了，所以就稱爲不死天，也就是不滅。實際上他不知道，不知道就沒辦法答覆你，因此就答不滅。

本來是不定的，他卻定了，這叫矯亂。以佛的知見來論，這是眞矯亂者。大家若是眞的想了解這種外道，可以研究〈大毗婆沙論〉，這部論專門分析這些問題，裡面的內容很多。外道計度他的執著，認爲無想天是常時的、不死的、不生不滅的，這是錯誤的。所以就稱爲外道，這叫矯亂。

他墜入不死矯亂的四種顛倒，徧計執知見；徧計就是一種邪知見，分別性，所以叫徧計。他分別一切法都無實義，是空虛的，故云虛論。

這四種顛倒矯亂，以下一個一個的解釋。

一者．是人觀變化元．見遷流處．名之為變．見相續處．名之為恆．見所見處．名之為生．不見見處．名之為滅．相續之因．性不斷處．名之為增．正相續中．中所離處．名之為減．各各生處．名之為有．互互亡處．名之為無．以理都觀．用心別見．有求法人．來問其義．答言．我今亦生亦滅．亦有亦無．亦增亦減．於一切時．皆亂其語．令彼前人遺失章句．

「一者，是人觀變化元」，觀察一切事物的變化，見著這一切事物遷流不息，不停的變。他見一切法相續不斷的變化，這是一切變化的根元，恆常如是，說他的體就是變化的；就是他所見處的，所能見到的，就叫生；他見不到的，就叫滅，永遠如是，這是外道的說法。

相續完了又前後相續，相續永遠不斷絕，他把這個叫做恆，名之爲恆，因此就叫外道思想；也就是見到所見之處就叫生，他見到見不到之處就叫滅。他說，生滅相續，永遠如是。

再重覆一次，他能到見他所見之處，就說一切衆生生，這就叫生。而八萬大劫以外的事情，他見不到了；見不到所見之處，把那個定爲滅，故名爲滅，這叫生滅一對。所以經文上說，能見的就爲生，見不到的就叫滅，永遠相續的。

「相續之因」，性永遠不斷，名之爲增。「正相續中」，中間有所離，名之爲滅，這就是他所認爲的生滅增滅。《楞嚴經》說在你修行當中，要經常修理你的知見。知見是正確的？或者是邪知邪見？不正確的就叫外道思想，正確的就叫佛的知見。

佛在《楞嚴經》最後一卷中說什麼是斷見？什麼是常見？什麼是見？什麼是非見？你自己用功的時候，都在定中。在禪定當中生起來思想的知見，你自己不能判斷，那就以佛的聖教義來分辨，佛會告訴你怎樣來認識這些問題。

這些所講的是外道思想；如果有這些思想，你就是這種外道。你沒有這種思想，你就不是他這種外道。你知道有這種思想，自己馬上糾正過來，就從外道變成正道，這是認識論。這個認識不是在尋常時間，而是在定中所生起的。色、受、想、行、識的五蘊，在定中的行蘊是怎樣來表現？如果你有這種行蘊的想法，那就是外道想法，把它糾正過來就是正定了；不糾正就是邪定，墮落外道的思想。但是這種外道可不是一般的外道，天魔都不能入體的，是自己思想產生的，不是魔，魔不得其便。因爲他在定中，魔是沒法進入的。他一到行蘊，天魔不得其便了。

說觀一切衆生，各各生處，他就以生爲有，各各亡處，以無爲亡，以生、滅、有、無來定。

「以理都觀，用心別見，有求法人，來問其義，答言：我今亦生亦滅，亦有亦無，亦增亦減。於一切時，皆亂其語。」沒有正確的答覆，就叫亂。問他的人就沒有辦法理解。所以前頭的這個行蘊以理來觀之，說行人用心，用他的差別來斷他的邪正，什麼叫正知正見？什麼叫邪知邪見？這類說的是沒有正知正見，是邪知邪見。

《楞嚴經》專門修理你禪定當中所生起的見解，如何是邪？如何是正？什麼叫正知正見？什麼叫邪知邪見？像這種都叫邪知邪見。「用心別見，有求法人」，來問道理的時候，他是怎麼答覆的？「亦生亦滅，亦有亦無，亦增亦減，於一切時，皆亂其語。」不作肯定的答覆，他有兩面，表示他不墮偏知，但是沒有主宰，語言是亂的，你沒辦法說他。你說：「對不對？」「亦對亦不對。」就這樣告訴你。那到底是對不對呀？他不給你肯定的答覆，表示他不墮偏知，爲什麼？他不知，無可主宰，但是他又不墮過，所以不給你作主宰。

對不對？他答：「也對，也不對。」究竟是對不對呀？他也不給你肯定，這是兩可的話。用普通話來說，這個人就是滑頭，撻不到他。這件事到底是對？還是不對？也對也不對。到底是對不對？這叫亂其語。作爲善知識，你要是這樣答覆，那學習的人沒辦法接受。這是一種。

二者．是人諦觀其心．互互無處．因無得證．有人來問．唯答一字．但言其無．除無之餘．無所言說．

在矯亂當中執著「無」，他觀心的時候就是「無」，一切諸法皆無，他證得了是「無」。假使有人來問他，他只告訴你：「無！」別的他不答覆。在行蘊中諦觀他的心，可是行蘊是不定的，所以就是「無」。如果若有人請他開示，他就跟你答個「無」，別的話不說，這就叫矯亂。

這是第二種人，他觀心的時候，觀到無處，一切法皆無。他就證得這個「無」。若有人來問呢？他只答覆你一個字，「但言其無」，除了「無」之外，一律無有言說，不答覆你也不知道，這叫矯亂。

三者．是人諦觀其心．各各有處．因有得證．有人來問．唯答一字．但言其是．除是之餘．無所言說．

第三種矯亂，「諦觀其心，各各有處。」因此他證得這個「有」。若有人來問他，他也答覆你這麼一個字，「是」。除了「是」之外，無所言說，而即有的眾生（參考〈楞嚴經寶鏡疏〉卷十），就是行蘊生滅。你問他的時候，他答覆你一個字，「是」。問他什麼都「是」，其餘的第二個字都不說，無有言說。前頭一個是「無」，這一個是「是」。

四者．是人有無俱見．其境枝故．其心亦亂．有人來問．答言．亦有即是亦無．亦無之中．不是亦有．一切矯亂．無容窮詰．

第四種也是修道的，但是這都在定中的事情，佛說這個是陰魔。自蘊而生起的，不是外邊的形相。「是人有無俱見，其境枝故，其心亦亂，有人來問。」他的答覆是亦有即是亦無，即是亦無，亦有亦無。在「亦無當中，不是亦有，一切矯亂，無容窮詰。」

在行蘊修道的時候，生滅二相，生就是有，無就是滅，他在定中所修到的，就是一個「有」一個「無」。能念的念處滅了，他的心不定有也不定無，是亂的。「其心亦亂」。到底是有？到底是無？不定。如果有人來請問他，到底是有？到底是無？「其心亦亂」。答覆你的呢？就是亦無亦有。你問他，到底是有到是無？就只有答覆你：「亦有亦無。」別的就不答覆你了。這是一種亂相，是外道的論議。

由此計度矯亂虛無．墮落外道．惑菩提性．是則名為第五外道．四顛倒性．不死矯亂．徧計虛論．

由這種計度，「矯亂虛無，墮落外道。」他對菩提性是迷惑的，不是覺性。菩提性是覺，他是惑，惑就是迷惑，則名爲第五種外道。

「四顛倒性，不死矯亂，徧計虛論」，這一類的外道，無論問什麼問題都不一定，他認爲一切都是虛妄的，說有可以、說無也可以。「有」、「無」沒有實義。墮落到外道，不了解菩薩的眞性，這類外道是第五種外道。

．也就是在有無相上，始終不定有也不定無。爲什麼？因爲他的定力，他所修行的功力，只知道八萬大劫以內的事，八萬大劫以外他不知道了，不敢確定有無。你問他什麼問題，就在兩可之間，這叫不定論。其實外道還有其他的種種相，這裡所說的只是四種矯亂。

又三摩中諸善男子．堅凝正心．魔不得便．窮生類本．觀彼幽清常擾動元．於無盡流．生計度者．是人墜入死後有相．發心顛倒．

「堅凝正心」就是入定，「魔不得便」，魔進入不了的。這種外道，他的定力在八萬大劫之內，魔進入不了的。「窮生類本，觀彼幽清常擾動元，於無盡流，生計度者，是人墜入死後有相，發心顛倒。」在有相當中，生起十六種顛倒知見，以下就講這十六種顛倒知見。

這十六種顛倒知見是於無盡流，常擾動元。動元就是心，他那個心計度的，就是他的心所能知道的，所能生一切的色、想、受這三法，他能夠滅了；心法還沒有。說將來必定生，說這個人必定墜入。何謂墜入呢？將來必定生，死後一定有相，這叫發心顛倒。

這種顛倒是什麼呢？死後有相，說死了之後還不死。現前雖然滅了，將來必定生，死後一定有相，我們給它叫相續義。若眞正開悟的是悟得無生，這個大家都懂。眞開悟的眞明了的，是諸法無生；他不，所以他叫外道。他認爲死後一定有生，一定還有相。這跟佛的空義相違背，所以他發心顛倒。佛教講諸法空，他不講空、卻講有，死後一定還有生。

或自固身．云色是我．或見我圓．含偏國土．云我有色．或彼前緣隨我迴復．云色屬我．或復我依行中相續．云我在色．

他說：「色相就是我，我亦是色相。」「或見我圓」，他的靈性能偏一切國土。色相小，我小；色相大，我在色中，我在一切想像當中，色相當中。說有緣的、無緣的，有色是我，離開色是我，我是依色而建立的一切色。

佛說：「凡所有相皆是虛妄，若見諸相非相，即見如來。」外道跟這個相反，色是屬於我，離開色也是我，有色也是我，依色爲主，但是相續不斷的；或者說我在色中，色大我小，色就是一切有形有相的，色法，我在色法之中。

皆計度言．死後有相．如是循環有十六相．從此或計畢竟煩惱．畢竟菩提．兩性並驅．各不相觸．

這十六種的外道，就是我見，無論分別好多，都屬於我見。或者我在色中，色在我中，永遠如是相續。但是這十六種外道都計度什麼呢？他的執著是什麼呢？死後一定有相，相相循環，這一個相就有十六種相。

或者是我在色中，色在我中，來此來執著計度，認爲這就是煩惱，那就是菩提，兩個線平行的。菩提是菩提，煩惱是煩惱，各不相容，兩性並驅，同時進行的。

由此計度死後有故．墮落外道．惑菩提性．是則名為第六外道．立五陰中死後有相．心顛倒論．

因爲計度死後是有的，是不死循環的，墮落外道。他對於菩提眞性是迷惑的，是不了知的。這個是第六種外道。他在五陰當中，色、受、想、行、識，這五蘊死後有相的，有形相的。死後有相的就說他墮落外道，心顚倒論，從心裡顚倒，因爲顚倒而立的論，就叫心魔。這十六種的外道都是有相論，死後也有相，生天有相。

又有一種外道呢？跟這種相反的，無相外道。這些論調在我們此土是沒有的。印度的九十六種外道，中國都沒有。在中國，像老道、儒教，那又是另一種說法。這是屬於心理學，不一樣的。他們都執著死後生天，生天生到最高處天，無有所非非想，生到那層天。一定八萬劫，他一入定八萬大劫，時間可長了。還有八種外道。前頭是有相外道，這一種外道是無相的，前頭講的十六種外道是有相外道。以下是無相外道。

又三摩中諸善男子．堅凝正心．魔不得便．窮生類本．觀彼幽清

常擾動元，於先除滅色受想中，生計度者，是人墜入死後無相，發心顛倒。

這都是在禪定當中的。說在禪定當中，「諸善男子，堅凝正心，魔不得便。」這些外道的定力都是非常強的，他修定都已經多少劫了，魔進不來的。他在定中的時候，魔不能得便。他在定中魔不得便；但這是外道，不是佛教。

「堅凝正心，魔不得便，窮生類本，觀彼幽清常擾動元，於先除滅色受想中，生計度者。」計度就是受蘊、想蘊，在這個當中墜入。他發明的，死後無相，跟前頭相對的；前頭十六種外道是有相的，現在這八種外道墮落的是無相，發的心是顛倒的，不是正確的。

見其色滅，形無所因，觀其想滅，心無所繫，知其受滅，無復連綴，陰性銷散，縱有生理，而無受想，與草木同，此質現前，猶不可得，死後云何更有諸相，因之勘校死後相無，

他見著色滅了，形銷了。這個形爲什麼滅的呢？觀其想滅，心沒有繫縛了，知道所受的都滅了，不能相連綴。

「陰性銷散，縱有生理，而無受想，與草木同。」跟草木一樣的，未來的果喪失了，八無相，沒有未來的相，涅槃、因果，一切皆空，成斷滅相，顛倒輪迴，他說一切法都是斷滅的。這種外道說四大的色相，說有形的，身體的形相、一切有形有色的形相。

無因，我們講因果，這個外道講無因，無因而生的，忽然間就來的，哪有這種道理？他想的是心的意根之心；心的思想相繫屬的，那個想一滅，心無所繫了。你前心想的，繫屬於色、形相，那心一滅，沒有了就消失了。他的心時而在受蘊之前，時而在想蘊之前，時而色心可以連綴的，時而又消失的。

色蘊跟受蘊兩個是不相連的，各是各，色一亡，受就沒有了。因爲一死亡就散滅了，一切行相行蘊都散滅了。有生無受，雖有生而沒有受，沒有想受的受，沒有領納的意思。說人跟草木是一樣的，人一死沒有知覺了，受蘊盡了，沒有知覺了，沒有感受了，這跟草木不是一樣的嗎？現在雖然有，有五蘊、有色心，這個色蘊現前，他說不可得。陰一死後，沒有諸相，因此死後相無。

如是循環．有八無相．從此或計涅槃因果．一切皆空．徒有名字．究竟斷滅．由此計度死後無故．墮落外道．惑菩提性．是則名為第七外道．立五陰中死後無相．心顛倒論．

「如是循環，有八無相」，以這個來執著計度，「涅槃因果，一切皆空」，只是個名字而已，徒有名字。究竟斷滅，斷滅空外道，所以沒有什麼修因，也沒有什麼計果，死後的相是空的，沒有證果可說。這是一類。又有執著計度的，說出世法是什麼？一切皆空。徒有個名字，沒有實體，這叫外道的斷滅論。這叫邪知邪見，大斷滅的沒有因果，斷滅因果。他不能理解一切法不離開因果，這叫撥無因果的外道。

人若是沒有因果，不怕未來受苦，什麼壞事都做了。假使說什麼都不畏懼，一死了之，就是斷滅論；那他無所謂了，現生斷滅了，現生做，做完就了了，死後沒有，什麼都沒有了，死後無相。第七外道，立五陰心顛倒論。

又三摩中諸善男子，堅凝正心，魔不得便，窮生類本，觀彼幽清常擾動元，於行存中，兼受想滅，雙計有無，自體相破，是人墜入死後俱非，起顛倒論，色受想中，見有非有，行遷流內，觀無不無。

「又三摩中諸善男子，堅凝正心，魔不得便。」他還是在定中，這些外道，魔都不能進入的。所說的這些都是在定中，他的立念、宗旨，在定中所求的也如是。

「窮生類本，觀彼幽清常擾動元，於行存中，兼受想滅，雙計有無，自體相破，是人墜入死後俱非，起顛倒論。」死後還是妄計無相的，死後什麼都沒有了。在他的行動當中，生前他的行蘊還沒有滅，還存在。那麼受蘊、想蘊都滅了，色、受、想三蘊已滅，三蘊體相全空。有時候於有執著有，於無執著無；他的自體行蘊，破除行蘊，色、受、想三個全沒有。說行蘊也不存在，行蘊現在有，一滅就沒有，一墜俱非。因此這一類外道，色、受、想三蘊滅了，行蘊也不存在。

所以在受、想中，也有是、也有非，所見到的有不是眞有，是非有，隨時遷流。若觀無，那就是無，觀有是無，觀無就是無，他就是遣除一切法，但又不證得空義。

如是循環．窮盡陰界．八俱非相．隨得一緣．皆言死後有相無相．

這樣子循環，窮盡陰界，五蘊十八界都是非的，「盡」就是不成立的意思。色、受、想、行，這四種界限，是有？是無？他答覆的是，非有非無。有跟無全非，八相都非相，非色、受、想、行，又非無色、受、想、行，這叫不定。他所有的言論都不成立的，例如說死後還有沒有？沒有了。不是有相，也不是無相，那就該非有相非無相了，也非有相非無相。

他所計度的是一切沒有了，一切法都不成立，有無都是非的。虛實的、眞假的、虛妄的、眞實的不一定，全都不一定；不一定就是非虛非實，沒有實也沒有虛，色、受、想、行這四蘊全沒有了。

又計諸行・性遷訛故・心發通悟・有無俱非・虛實失措・

有也不對、沒有也不對，有無俱非沒有定論，也就是虛實失措。例如說一切立論，這個論到底是有？到底是沒有？或者是非有非無？他跟你狡辯；狡辯不成立，你說有他說無，你說無他又說有，有、無全不成立。

由此計度死後俱非・後際昏瞢無可道故・墮落外道・惑菩提性・

是則名為第八外道・立五陰中死後俱非・心顛倒論・

因此等他一死之後，死後俱非。除了昏瞢，什麼都說不出來了。就是這一類的外道，不承認菩提，惑菩提性。

所以第八種外道，他「立五陰中死後俱非，心顛倒論」。沒有一個眞正的道理可講，就是這麼一句話。死後俱非者，說從心顛倒而起的，死後還是顛倒。什麼叫顛倒呢？有無不定，定有定無就不顛倒，也不定有也不定無，死後昏瞢，沒道就顛倒，俱非。還有一些外道就是斷滅。

又三摩中諸善男子・堅凝正心・魔不得便・窮生類本・觀彼幽清常擾動元・於後後無・生計度者・是人墜入七斷滅論・

這是講行蘊的念念消滅。「於後後無」，過去就沒有，所以人天七處都是斷滅的。

「窮生類本，觀彼幽清，常擾動元，於後後無」，死後什麼都沒有了。今天在了，明天就沒有了。生計度，墜入七斷滅論，一切法都是斷滅的。所以在他生人當中，欲界盡了，他認爲苦也盡滅，一切法都如是。

或計身滅・或欲盡滅・或苦盡滅・或極樂滅・或極捨滅・如是循環・窮盡七際・現前銷滅・滅已無復・

七處斷滅，人也好，天也好，生四大部洲，乃六欲二處（參考〈楞嚴經圓通疏〉卷十），生則是有，一死都沒有了。或者欲盡滅，初禪天，離生喜樂地，離了欲界之後，欲染全盡了，沒有了，全是斷滅論。苦盡滅，乃至生三十二天，生喜樂地，歡喜到極點，無憂了，全都斷滅了；乃至三禪天、四禪天，一切諸法循環斷滅，現前消滅，滅了就再不有了，斷滅論。所有一切法都是斷滅的，斷滅就是消失永遠再沒有了。

由此計度死後斷滅·墮落外道·惑菩提性·是則名為第九外道·立五陰中死後斷滅·心顛倒論·

「由此計度死後斷滅」，墮落這種外道，也就是斷滅論。第九種，他說色、受、想、行、識五蘊法，死後斷滅了，這是一種心的顛倒論。

又三摩中諸善男子·堅凝正心·魔不得便·窮生類本·觀彼幽清常擾動元·於後後有生計度者·是人墜入五涅槃論·

「又三摩中諸善男子，堅凝正心，魔不得便」，就是能入禪定。「窮生類本，觀彼幽清常擾動元，於後後有生計度者，是人墜入五涅槃論。」於後後有相續不斷，念念遷流不住的，說現在不住，一定有滅。說行蘊滅了之後，還能復生，生了之後還要滅，說念念相續永遠不斷，永遠無有間斷。前頭亡了，後頭必定有，所以「於後後有」。在這個生時墮入了涅槃論，常時的所計五處（參考〈楞嚴經圓通疏〉卷十），永遠如是。

或以欲界為正轉依・觀見圓明・生愛慕故・或以初禪・性無憂故・或以二禪・心無苦故・或以三禪・極悅隨故・或以四禪・苦樂二亡・不受輪迴生滅性故・

這叫五涅槃相。這五種生處就是涅槃，涅槃即是生處，涅槃的意思就是不生不滅，說這五個地方都是不生不滅的。六欲天，有的說是五欲天，也就是欲界，欲界都是不生不滅的。總的來說，這些都是邪知邪見。

轉生死變爲涅槃，涅槃翻爲不生死，說把生死轉變爲不生不死，這是妄計。妄計是什麼意思呢？認爲一切法都是眞正的涅槃，一切法都不生不滅，那麼佛所說的生滅諸法就沒有了。說一切衆生生到欲界，永遠在欲界，輪迴不轉永遠是涅槃的，永遠是圓滿的，就是這個意思。

或者是初禪天（初禪天就叫離生喜樂地），說這個天離於欲界了，沒有欲染了，心沒有苦惱了，沒有苦惱的逼迫了，永遠涅槃。涅槃是不生不死、永遠存在的。

二禪定生喜樂地，離了苦了，憂愁就不逼迫了，永遠涅槃。第三禪，離喜妙樂地，喜極人喜悅，永遠隨順，永遠涅槃。四禪天捨念清淨地，沒有苦樂了，到了極樂了，等於極捨。三災不到不受輪迴，生滅永遠斷了，永遠涅槃。這些外道各有各的思想，他在定中就如是觀、如是思想，永遠不受三災八難，這叫迷。

迷有漏天．作無為解．五處安隱．為勝淨依．如是循環．五處究竟．

他所處的天是有漏的，不是無漏的。他若作無爲的解釋，錯了。這是有爲的，不是無爲的，是循環的，這五個叫究竟處。

在六欲天，離開人間的塵穢了。六欲天有六欲天的境界，不是極樂世界，不是佛國土，他認爲眞淨跟佛國土是一樣的。

初禪、二禪離開下界了，也虛妄認爲這是永遠是喜樂的。總之，外道的計度偏離於中，偏於一邊、離於中道，不合乎佛教。所以叫外道，心外取法。

由此計度五現涅槃．墮落外道．惑菩提性．是則名為第十外道．立五陰中五現涅槃．心顛倒論．

這名爲十種外道，立五蘊法，色、受、想、行、識，說是現行的涅槃，這叫心顛倒。

阿難．如是十種禪那狂解．皆是行陰用心交互．故現斯悟．

「阿難，如是十種禪那狂解」，佛跟阿難說，上頭我所舉的十種例子，禪那修定的狂解，不是正確而是虛妄的，這十種外道都是在行蘊當中（行蘊是運動當中不停的），這種不是如來教，魔容易得其便，產生各種的魔難，這叫禪那狂解。

這個魔可不是外魔，而是心魔。心魔是從什麼地方產生的？宿業，從過去深厚業障產生的。這種所謂的見道，不是眞實的，所以佛講狂解。禪那狂解，是不正確的。

爲什麼產生這些狂解呢？「行陰用心交互」。五蘊當中的行蘊是專門把七識傳送到前六識，這中間的過程都是在行蘊當中進行。色、受、想、行、識五蘊魔，現在所解釋的都是行蘊的魔。

眾生頑迷．不自忖量．逢此現前．以迷為解．自言登聖．大妄語成．墮無間獄．

因爲眾生的頑迷，不自忖量，也就是觀察的力量不夠。頑迷就是迷惑覆心，不自己忖量忖量，也就是思量思量，把迷惑當成覺悟，沒有證得說證得。所說的魔話，說認爲自己登了聖境，大妄語成，都犯了大妄語，這叫眾生顛倒。

自己不思量思量，因爲你對聖教量、對佛所教授的比對一下，是不是眞正的成道了。而自言登聖，自己認爲自己成了聖道，實際上是妄語，墮無間獄。

汝等必須將如來語．於我滅後．傳示末法．徧令眾生覺了斯義．無令心魔．自起深孽．保持覆護．銷息邪見．

佛對阿難說：「汝等必須將如來語」，叫阿難弘揚佛教，弘揚佛所說的話，摧滅那些邪知邪見，不要讓他們迷惑世間。在我滅後，將如來的話傳示給末法，傳示給未來的弟子。「徧令眾生覺了斯義，無令心魔，自起深孽。」

上面講的陰魔全是自心所起的錯誤念頭，不是外來的，這叫心魔。應當保持護持，「銷息邪見」，把邪見息滅掉，不要被邪見所迷惑。

教其身心．開覺真義．於無上道．不遭枝岐．勿令心祈．得少為足．作大覺王清淨標指．

教修行者的身心，開覺眞義，這樣才有無上道，不會走到歧途去了，不會走到枝節去了。「勿令心祈，得少爲足」，心祈就是求，心所求法的求。不要以少爲足，要深入的學，「作大覺王清淨標指。」那就成佛了！

識蘊的十種陰魔

阿難．彼善男子修三摩提．行陰盡者．諸世間性．幽清擾動．同分生機倏然隳裂．沈細綱紐．補特伽羅．酬業深脈．感應懸絕．於涅槃天．將大明悟．如雞後鳴．瞻顧東方．已有精色．六根虛靜．無復馳逸．內外湛明．入無所入．深達十方十二種類．受命元由．觀由執元．諸類不召．於十方界．已獲其同．精色不沉．發現幽秘．此則名為識陰區宇．

現在我們講識蘊的魔相，五蘊的色、受、想、行、識當中，識蘊的魔相是最深的。佛跟阿難說，修楞嚴定的善男子，行蘊盡了的現相是什麼樣子呢？「幽清擾動」。「幽清擾動」就是說同分的生機，也就是眾生的生死，隨著行蘊滅了之後，就要「同分生機」。

行蘊滅了之後，觀那個幽隱輕清。這個輕不是重輕的那個輕，這個輕已經清淨了，就叫輕清。同分的生機，就是同生的根基（參考〈楞嚴經寶鏡疏〉卷十），表生之處。「同分生機」，就是生起之處。換句話說，就是動的開始。靜、動，這是動的開始，行蘊盡了，幽清的擾動，這個動是很輕微的，不是像我們很粗重的。心習定的時候輕動，這個輕動就是同生一起，因而叫「同分生機」。機是基礎的意思，表生的開始，機動的時候。

倏然的隳裂，就是沉細的樞杻，行蘊極微細的那種輕動。功夫到達這個地方，一切修定的人，他的執取於未來的受生。「感應懸絕」，感應就是因果，感應是指因果說的，懸絕呢？行蘊已盡了，甚深潛在的脈絡已經斷了，因也亡了，果也喪了，不復受生，所以就叫懸絕。感應懸絕，也就是行蘊已盡。

這個時候於涅槃天，將大明悟，五蘊的黑暗，把涅槃天都覆蓋了。這個時間非常長，生死長夜。色、受、想、行，識蘊已破了，於涅槃天究竟的生死將大明悟。就像天空要亮沒亮的時候，那個小雞就叫喚了，牠看東方將要發明、還沒有發明，雞先鳴，這是形容的意思。雞鳴，瞻顧東方有精色，小雞叫的時候，看見東方已經要放光沒放光；拿這個形容說我們的眼、耳、鼻、舌、身、意，六根虛靜，不向外邊馳逸了。

在這個時候，若內若外，湛然寂靜是明的，沒有出入相，「入無所入」。十二類眾生受蘊的根元，也就是受蘊的緣起，這個時候行者修定的人，「觀由執元，諸類不召」。「諸類不召」就是明悟之前兆，在十方界（十方界是不分東西南北的一切十方），一切世界當中，「已獲其同，精色不沈，發現幽秘」，這叫識蘊的區宇。

識蘊是非常幽秘的，但是又不是沉寂的。當你的六根消失了，猶有一未亡（參考〈楞嚴經正脈疏〉卷十），「一未亡」就是這個識蘊將盡沒盡。識精（參考〈楞嚴經指掌疏〉卷十）現前，不是昏暗的，不昧就是很明了，那麼修道人開始明心見性，這是約聖者說的。

外道的知見就不同了，他的境界跟修道者也是相同的。這是修道必經的過程，就像天雖然還沒有大亮，開始明了，凡是我們說雞叫幾遍幾遍，形容天明的時候。這個時候他能見到前所未見的，假使能看見暗中的物件，那就是天已經微微要放亮了。雖然還沒有大徹大悟，他已經見到這種境界，這是形容開悟或者入定的境界相。以下就分別正教與外道。

若於群召．已獲同中．銷磨六門．合開成就．見聞通鄰．互用清淨．十方世界．及與身心．如吠瑠璃．內外明徹．名識陰盡．是人則能超越命濁．觀其所由．罔象虛無顛倒妄想．以為其本．

「群召」就是一切衆生的果報，召是召感的意思。能牽引你，召感牽引你受生，這叫「群召」。「已獲同中」，就是六根的境界相消滅在六根門頭之中，「銷磨六門」就是在色、聲、香、味、觸、法這六門；或者合或者開，或者見或者聞，互相的作用。這就是唯識所觀的十方，本是一體的，但是一體的變化，銷滅六門。若是合就成，若是分就是散，這叫加功用道。銷磨呢？銷鎔磨化。六根合則一，開則六，現在是說合。

六根爲一根，怎麼講呢？說眼、耳、鼻、舌、身、意，你用眼也能聽到也能接觸到，眼、耳、鼻、舌、身、意這六根，一根都能見，六根爲一根用，用一根就可以了。以一根爲六根用，我們說眼睛唯獨看色，凡夫唯獨看色，這個時候眼不僅能看色，眼也能聞也能聽，也能嚐也能覺。一門放光、六門動地，就是這樣的意思。

一根如是，根根都如是，所以「若於群召，已獲同中」，這段文字非常的深奧。等你銷磨六根了，合也可以、開也可以，眼、耳、鼻、舌、身、意，合也可以，合到一根，別的根都不作，就是一根，眼根能聞。所以說合開成就了。

「見聞通鄰」，見能聞，見聞都通了，爲什麼？互相清淨了，六根都清淨了。在這個時間，十方的世界跟你的身心，就像瑠璃一樣光明透徹的。內外都能明照，這就是識陰盡了，五蘊的識蘊盡了，能夠超越命濁。

濁就是命根不清淨。這時候修行的人可以命不濁，掌握自己的生死，生命由自己來掌握。這個時候「罔象虛無」，也就是無障無礙，顛倒妄想都不存在了。「罔象虛無」，顛倒妄想是罔象虛無的根本，不存在顛倒妄想了，「罔象虛無」。

什麼叫顛倒？違背眞性就叫顛倒。元無別法，就叫妄想。違此一事實，就是妄想。這個時候，識蘊的根本能夠達到一切妄都是空的。妄想尙且沒有，識蘊還有嗎？不存在了，這叫識蘊空。所以叫識蘊虛妄，虛妄就是達到空義的。識緼本來依如來藏性而起的，「群召」就是認識自己的本體，以你觀察的力量研究六根的隔、合，障、礙都消失了，銷磨六門合成一體了，因爲合成一體了，留礙（參考《楞嚴經通議》卷十）都沒有了。

如果在這當中不起執著向前進修，那成就阿羅漢了。但是執著是外道，他跟如來的正教不同，從這裡就開始分別了。在定中，外道的知識跟佛弟子的教義就不一樣了，那叫邪知。他在識蘊當中，提起邪執，墮落外道。若沒有這個執，不會墮落外道的。

阿難當知．是善男子．窮諸行空．於識還元．已滅生滅．而於寂滅精妙未圓．

佛跟阿難說，「阿難當知，是善男子，窮諸行空，於識還元，已滅生滅，而於寂滅。」能夠生滅滅已，而得到寂滅。

外道就不同了，精妙相同而未圓，本來應該圓而未圓。識蘊的十種邪執邪見，這是第一個妄計。每一蘊不是有十魔嗎？這叫妄計。因爲他執著這個陰，問題就是在執著這個陰。研窮，窮盡的意思，研究行空，一切諸行皆是空。窮呢？研究到究竟乃至於空，空是什麼呢？行蘊已盡，受、想、行的行蘊已盡，進入識蘊。

「於識還元」，行盡了，識就現了，行蘊盡了，識蘊就現前，就叫「於識還元」。「已滅生滅」，就是那個前頭的七識遷流，生滅的那個性已進入了八識了，還本還元。「已滅生滅」，就是還本還元，「而於寂滅，精妙未圓」，未圓就是外道，寂的意思是常德（參考〈楞嚴經指掌疏〉卷十），離開生死了；滅是淨德了，滅除煩惱了，煩惱滅了。又者，精是我，是眞體，妙是樂，是樂德。那是用，自體的德用，這叫涅槃。但是一定得透過識蘊才能圓滿，沒有透過識蘊是不圓滿的。

能令己身．根隔合開．亦與十方諸類通覺．覺知通㴩．能入圓元．若於所歸．立眞常因．生勝解者．是人則墮因所因執．娑毗迦羅．所歸冥諦．成其伴侶．迷佛菩提．亡失知見．

「能令己身，根隔合開」，使自己的六根可以合成一個，可以開為六個。能與十方的諸類通，通就是和十方諸類都能合，都能圓成一個，這是觀照圓明。能令六根合而為一，能夠觀照，能夠互用，根根互用，觀十方一切諸類，唯識所現，萬法唯識，離開識都沒有了。「覺知通溜」，能入圓元覺性的這個觀照力量，就叫究竟。「能入圓元」，若通達識蘊了，能夠立眞常。雖然是妄，妄立眞常，依著眞常而住。因是依賴的意思，依著極果（參考〈楞嚴經講義〉第一五〇五頁）而生殊勝的聖境，而生的勝解。但這個功力達到滅五蘊的識蘊，那要走很長的路。我們講《楞嚴經》，一路講來，達到滅識蘊的時候，很不容易了。

是名第一立所得心．成所歸果．違遠圓通背涅槃城．生外道種．

這就發生問題了。因爲「違遠圓通背涅槃城，生外道種」，行盡識現，你的修行功力到這裡盡了，八識顯現，也就是識現。於前六根，或者合或者隔開，或者是不合，將盡圓通，能立所立。這個時候心爲所觀，就爲能立，心之所得爲能立。違背涅槃了，那就變成外道種，這叫一念之差。

正道跟外道，就在一念之差。於涅槃自性的天，特別明悟。明悟，開了大悟了。違背它，入了生死路了。一個是涅槃路，一個是生死路。你這

個覺心發起爲佛子，覺心產生邪見，外道知見，斷佛種子，看如何向？（參考〈楞嚴經指掌疏〉卷十）

參禪的人，在這個知見的當中，差之毫釐失之千里。一念成了外道邪見，妄心一起，有能知所知。在參禪的時候，生出這麼一念的知見，墮落外道邪見；如果一念不生，萬法俱寂，這就是正道。

只要一生邪念、一起妄計，〈大乘起信論〉講，一念不覺生三細，但是他不停的，於是境界爲緣長六粗。這裡所講的行蘊盡了，因識蘊而起的執著妄計，這跟〈大乘起信論〉是相合的。

阿難．又善男子．窮諸行空．已滅生滅．而於寂滅精妙未圓．

佛又跟阿難說：「阿難，又善男子，窮諸行空，已滅生滅。」他的修行達到空義了，完全都空了。行蘊雖空了，「窮諸行空」，這個善男子「窮諸行空」，寂滅的這個心，空義未能圓悟，那就落到精妙未圓。未能圓悟呢？於寂滅未能精妙，未圓的時候就落入外道了。

一念，這個非常的微細，如果錯誤的解，心裡生起了二念，那就落入邪道了。你如果是念佛，或者修讀誦的大乘，還有三寶加持力，你不會落於外道。這裡是指參禪的。

若於所歸覽為自體．盡虛空界十二類內．所有眾生．皆我身中一類流出．生勝解者．是人則墮能非能執．

「若於所歸覽爲自體」，「所歸」就是識性，把這識性認爲是自己的自體，認爲這個識性圓滿似的徧虛空界，一類十二類眾生都如是的。

其實不能夠眞實進入，而妄計爲能，就是能所，能非能進。這個意思就是，若於所歸，把它當爲是自體，妄身觀妄識（參考《楞嚴經指掌疏》卷十），說在這個時候，見識體無有邊，不見有身相，識體無邊呢？就不見有身。這就是識心。這個時候非常重要，這就是識心的自體，這識心是什麼相狀呢？盡虛空界十二類種類，所有眾生同是一類流出的，沒有差別的。

假使以這個認爲殊勝，「皆我身中一類流出」，身如果生起殊勝解者，這就是最需要注意的。

「是人則墮」，因爲「若於所歸覽爲自體，盡虛空界」，十二類所有眾生，「皆我身中一類流出。」這是正確的。若生殊勝解，說這個了不起了，那就墮落了「能非能執」。

摩醯首羅．現無邊身．成其伴侶．迷佛菩提．亡失知見．

這就是見識的性，圓滿虛空界，十二類眾生都是從此而流出的。假使能非能執，這是起的執著，這叫妄計。妄計而認為能，這就是能非能執的意思。

千萬不在這裡生起妄執。這個時候摩醯首羅現無邊身，摩醯首羅是色界的頂天，大自在天，他計著這個天是常的。摩醯首羅執著這個天的常，能生一切諸法，能現無邊身。這個意思就是大自在天，他執著在他身上能現出無量眾生，為什麼有這樣想法呢？五蘊的識蘊行人，他說十二類眾生都由識蘊而生起，這是執著。在這時候你要警覺，這叫什麼？

是名第二立能為心．成能事果．違遠圓通．背涅槃城．生大慢天我偏圓種．

「立能爲心，成能事果」，因爲見到識蘊能攝能生，就把這識蘊立爲因心。十方一切衆生都是從我流出的，成就能事之果，因爲計爲能聞，果就成爲能事。這不是正知見，違背了涅槃，成我偏圓種。

「違遠圓通」，失因地心。「背涅槃城」，則亡果地證，這就是大我慢天，摩醯首羅天成爲大我慢天了。「我偏圓種」，這個主要是計識，拿這八識作爲自體，從自體之中流出來一切的諸法、衆生。

看似萬法唯識，實際上是錯謬的，違背圓通。佛說的萬法唯識是緣生的，緣生一切諸法如幻，生即無生，不是實在計生的。說錯就錯在這兒。佛說諸法緣生如幻，生即無生；跟這個「立能爲心，成能事果」，是不相合的。

又善男子窮諸行空，已滅生滅，而於寂滅精妙未圓，

這個滅實的外道，看來跟佛所說的相似，錯那麼一點點，那就不是了，完全變了。

「窮諸行空，已滅生滅，而於寂滅精妙未圓。」看來是與佛所說的相似，實際不然。「精妙未圓」，這是標題，下面就加以解釋了。

常非常執，把常作成非常執著，這叫妄計。這妄是從什麼產生呢？從識蘊產生。這裡講識蘊。萬法唯識，在實上頭所起的與佛不同的見解，也就是看問題的看法。

若於所歸有所歸依．自疑身心從彼流出．十方虛空．咸其生起．即於都起所宣流地．作真常身無生滅解．在生滅中．早計常住．既惑不生．亦迷生滅．安住沉迷．生勝解者．是人則墮常非常執．計自在天．成其伴侶．迷佛菩提．亡失知見．

常作非常的執著，這叫大自在天，「計自在天，成其伴侶」，不是佛的菩提。「迷佛菩提，亡失知見」。

「若於所歸有所歸依」，就是有歸。所歸是什麼體？就是八識的識體。把所歸的八識識體當爲自體，把所歸的又當成他體；就是對自己的身心產生了懷疑。若於所歸、有所歸依，那麼所歸的就是識體了。所歸，既爲是識體、爲自體，又認爲所歸爲他體，從彼流出。這不是錯誤的嗎？自己疑自己的身心從彼流出，自心跟一切法的生起，十方虛空咸能生起，十方虛空如果能生起空中一切事物，能有這個事嗎？

既然虛空不能生起，虛空不生一切法，如果一切法由虛空生的，那你的身心流到什麼地方？所以把這個身當作眞常的，是沒有生滅性的。把這個歸給識蘊，由這個識蘊終不見生滅，不見生滅就是說這個身是眞常的，永遠不生滅。佛所說的這個身是生滅的，不是眞常的，眞常是沒有生滅相。生滅的不是眞常的，因爲外道在生滅中，他執計著有個常住的，這是什麼呢？識蘊。識蘊不是常住的，他認爲識蘊是常住的，跟眞如相同了。

〈大乘起信論〉講，眞如是不生不滅。眞如不生不滅與生滅合和，這個叫和合識，也就是八識。生滅與不生滅和合，眞如是不生不滅的；與生滅和合，成了第八識。因爲這個第八識不生不滅是和合識，若破這個和合識，就滅了相續心。和合識要是破了，就把相續心滅了。

有相續心不是常住的，滅了相續心，常住眞心才能顯現。生滅中沒有常住的，常住的是不生不滅的。眞常的身，無生滅的，絕不要作生滅解。有生滅，絕不是眞常身。

這個是最後、最重要的識，要認得第八識，八識不是常住的，不是真如法身，若把八識執著為真如法身，那就錯了。

在生滅之中，計為是真常，把生滅計為是真常就不知道真無生義，真無生義是常的，如果把生滅計著為真常，不了真如。為什麼呢？真如是不生滅性，識蘊不是真如。我們現在講這個識蘊，它有微細生滅，以這個生滅認為不生，說迷不生亦迷生滅。這就把不生迷了，生滅性也迷了。

大自在天就是魔王天，他是計為永常的，是屬於生滅的。

是名第三立因依心．成妄計果．違遠圓通．背涅槃城．生倒圓種．

執我為圓，能生萬物，大自在天、摩醯首羅天，他執著自己是圓滿，能生萬物，都是大自在天生的。因為此執彼圓（參考〈楞嚴經寶鏡疏〉卷十），生我身心，這是倒執生我身心，這是顛倒見。把生滅的計為不執不生滅，生倒圓種。

又善男子．窮諸行空．已滅生滅．而於寂滅精妙未圓．若於所知．知偏圓故．因知立解．十方草木皆稱有情．與人無異．草木為人．人死還成十方草樹．無擇偏知．生勝解者．是人則墮知無知執．

第四種妄計，「知無知執」，執著知無知。

「若於所知，知偏圓故，因知立解，十方草木皆稱有情，與人無異。」把草看成跟人沒有差別，草木也有執，草木也能解，草木爲人，人生人死，還成十方草木。這種外道，我們都不會信的。草木是無知的，這種是沒有選擇的偏知性，「無擇偏知」。因此而生勝解，這人則墮入知無執著，執著無知。

婆吒霰尼．執一切覺．成其伴侶．迷佛菩提．亡失知見．

十方草木本屬無情，這種外道都稱爲有情，與人沒有差別。草木爲人，人死了變成草木，十方草木又還轉爲人，成之爲人，這是外道計知。

假使你所知的是徧圓，徧一切處是圓滿的。以知來立解，這十方草木都是有情；草木都有靈性跟人無異，說人死了成爲草木，草木生爲人類。這種知見是邪知邪見。執著無知爲知，草木是無知的，因爲草木跟人無異，執著無知爲知，違背佛菩提，佛不是這麼教導的。那就知見亡失了。

是名第四計圓知心．成虛謬果．違遠圓通．背涅槃城．生倒知種．

這是第四的計圓知心，成虛謬的果，違遠圓通。背涅槃城，這叫倒知種。

又善男子窮諸行空．已滅生滅．而於寂滅精妙未圓．若於圓融．根互用中．已得隨順．便於圓化一切發生．求火光明．樂水清淨．愛風周流．觀塵成就．各各崇事．以此群塵發作本因．立常住解．是人則墮生無生執．諸迦葉波．并婆羅門．勤心役身．事火崇水．求出生死．成其伴侶．迷佛菩提．亡失知見．

「生無生執」，執著生無生。

在六根圓通的時候，根元互用，眼睛能聽，耳朵能見，這叫根互用。圓融互用中，「已得隨順，便於圓化一切發生，求火光明，樂水清淨，愛風周流，觀塵成就。」地水火風，各各四大種，「各各崇事，以此群塵發作本因，立常住解，是人則墮生無生執，諸迦葉波，并婆羅門，勤心役身，事火崇水，求出生死，成其伴侶，迷佛菩提，亡失知見。」

印度有很多外道，事火婆羅門、事水婆羅門，乃至於拜地、拜火、拜風，認為這都是神。這是說在六根互用的時候，錯誤謬解。他不能六根互用，而謬解成圓化一切發生。

怎麼謬解呢？若於圓中六根互用，已得隨順了，圓化一切。圓化的意思就是火可以執、可以變，火能變水、水能變火，那就圓化了。火的光明就樂得水的清淨。喜好風的周流，觀塵的成就，風是動性，塵是定性，各各崇事。拜火的、拜風的、拜塵的、拜土地的，以此群塵、發作本因。

拿這個立常，這個人墮生無生執。「諸迦葉波，并婆羅門，勤心役身，事火崇水，求出生死。」能辦得到嗎？

「成其伴侶，迷佛菩提，亡失知見。」說一切衆生在他的修行當中，雖然六根還不能互用；但是能隨順六根，四大漸漸能融化，這樣圓化的發生了，把四大計爲能成聖果。

舉個例子來說，我們在印度的時候看見事火婆羅門，燒一大堆火，圍著人就拜，對著火就拜。拜完了說，拜火就能成道，就能生天。

又例如崇奉牛教的，這是我親眼見到的，街上的這頭牛，牛身上掛的珠寶有紅的、綠的，牛在大街走，牠不走，你有汽車也不敢撞牠，就得退回去。到了那個地方，那華僑的弟子告訴我說：「這頭牛，你可不能踢牠一腳呀！或者給牠一巴掌，那樣的話這條街道的人都跟你拼命。」爲什麼？他拜牛。爲什麼拜牛呢？他看見牛死了生天了，牛的功德很大，人因此就拜牛，認爲死了能生天。

看火生了，火本來是往上升的。有些火升到空中沒滅，哇！這火成神了，圍著火拜。印度有九十六種外道。這是形容圓融的根互用。根不但能互用，還能隨順。拜火求火的光明，水是能洗一切塵垢的，樂水清淨。

風是周流不息的、流動的，一切物質生長都是從大地生出來的。因此拜火的、拜地的、拜風的、拜神的，說這些塵能成道，能夠作爲本因，作爲常住來理解，這是印度的風俗，到處都有。

這也是墮落的原因。「各各崇事」，崇事什麼都有，「以此群塵發作本因，立常住解，是人則墮。」這能不墮嗎？絕對墮落。生無生執，生起那個無生的執著。諸迦葉波外道，還有一些婆羅門，勤身投入，拜火的、拜水的、求出生死的，妄計能生，虛妄計度這些能生善根。

可能嗎？這叫執著。這種執著就是在法上，他想求火的光明，求水的清淨，若想求光明求清淨，不修就拜火拜水，周流不息就拜風。

是名第五計著崇事．迷心從物．立妄求因．求妄冀果．違遠圓通．背涅槃城．生顛化種．

「是名第五計著崇事」，邪知邪見，什麼都崇拜。這種崇事執著的，把心迷物，把這虛妄的一切物拿來作爲能成就的因。能辦得到嗎？「違遠圓通，背涅槃城，生顛化種」，這就是顛倒見，顛倒妄想。

又善男子窮諸行空・已滅生滅・而於寂滅精妙未圓・若於圓明・計明中虛・非滅群化・以永滅依・為所歸依・生勝解者・是人則墮歸無歸執・無想天中・諸舜若多・成其伴侶・迷佛菩提・亡失知見・

第六妄計，計著「歸無歸執」，執著歸無歸。

「若於圓明」，前四蘊都盡了；色、聲、香、味，六塵境界跟識蘊相結合；前四蘊盡了，現在是識蘊。

「非滅群化」，以觀照圓窮，認識這個性的虛明。見前四蘊已經滅了，一切永滅，「非滅群化」，非就是毀滅，於這個圓明性心，「計明中虛」，計是執著，執著明呢？是空的。在這個生勝解，歸無歸執，這是無想天的思想。

「舜若多」是空性，空性成為他的伴侶，而不是佛菩提。這種眾生灰身泯智，把他的身體滅壞了，把他的一些知見消滅了。說這個就是歸依空處了。這空處不是所歸依處，所歸依處是虛空。虛空能依托嗎？把虛無不實的境界作為他歸依的依處，這些都不是該歸依的歸依處。

「計明中虛」，明是圓明的明，計明是假的，是虛妄的，不立一物。永滅依止的，就是無所歸依，把無所歸依當成歸依。在這時生起勝解。這個人歸依什麼呢？無歸。沒有所歸，歸無所歸，這是無想天。

究竟是以什麼主呢？「舜若多」是空性，歸依空。佛菩提不是這樣講的，迷佛菩提，把空當成他的伴侶，「亡失知見」。

是名第六圓虛無心・成空亡果・違遠圓通・背涅槃城・生斷滅種・

虛空得果，得空果背涅槃城；這個意思是斷生滅種，說一切諸法無生也無滅，妄圓虛無的心，以斷滅爲因。斷滅爲因產生什麼果呢？空亡。斷滅因產空亡果，斷滅的因心，將來就墮落到斷滅種子。什麼因結什麼果。

又善男子・窮諸行空・已滅生滅・而於寂滅精妙未圓・若於圓常・固身常住・同於精圓・長不傾逝・生勝解者・是人則墮貪非貪執・諸阿斯陀・求長命者・成其伴侶・迷佛菩提・亡失知見・

是名第七執著命元．立固妄因．趣長勞果．違遠圓通．背涅槃城．生妄延種．

這是識蘊的第七個妄計。

跟前頭對照，前頭是滅空，這個是有，執著這個身體能夠長住在世，永遠不消失。這樣的執著，身為主，識蘊的圓常，常是常住的，常住不變化的，這叫識精圓明，也就是中國道教所說的長生不老之術。中國稱長壽仙，求仙道的，長住世間。這種叫執著命元，「是名第七執著命元」。

「立固妄因，趣長勞果，違遠圓通，背涅槃城，生妄延種。」執著命元就是執著這個識蘊，愛命的根元就執著命元。

立一個頑固、沒有虛妄的、幻化的這個色身。說這修仙的，長住不壞。中國道教就求這個。長戀塵勞（參考〈楞嚴經寶鏡疏〉卷十），永遠在這世上，亡失本修。這是不正確的。這個是在生死當中、求長生不死，這跟佛說的涅槃不一樣的。虛妄延年，就是這段經文所說的意思。這段文字很短，就這麼幾句話，一般人都知道這種執著是不可能達到的，哪有不死的？沒有。

又善男子．窮諸行空．已滅生滅．而於寂滅精妙未圓．觀命互通．卻留塵勞．恐其銷盡．便於此際坐蓮華宮．廣化七珍．多增寶媛．縱恣其心．生勝解者．是人則墮真無真執．吒枳迦羅．成其伴侶．迷佛菩提．亡失知見．

第八個妄計，「眞無眞執」，眞是沒有執著的；妄執，把虛妄不實的東西，執著不捨。

這是說有一類衆生，他想長久住世，妄計，命若盡了，衆生命也就盡了，我若不盡，衆生命也不盡。讓一切衆生永留世間享受欲樂，意思就是我的生命永遠久住。

壽命最初是怎麼來的？從觀識蘊來的。之後，一切身命以識蘊爲本，也懂得學一切衆生就是識蘊根本，塵勞世間一切相跟生命有關係，長留世間塵勞當中。說我們的身命依託世間塵勞，使它永遠不要銷盡，行盡識現，一切圓融變化，隨我心的自在而成就。這就是留著塵世塵勞，塵勞是什麼呢？貪欲爲根本。

那麼他所想的、所行的，是坐蓮華宮，莊嚴美麗，微妙香潔，廣化一切的寶女，這就是「吒枳迦羅」，天魔的異名。這時魔王說他要永遠不死，永遠存在，把無常當成眞常，「吒枳迦羅」就是天魔的異名。他以所有的塵勞結縛，就是他的本錢。怎麼講呢？他把一切塵勞束縛當成資生的工具，魔的知見不是正知正見，產生一種邪知邪見，他想養他的命，永遠留在塵勞當中，永遠不要消失。

「坐蓮華宮，廣化七珍，多增寶媛，縱恣其心，生勝解者。」這怎能辦到呢？不可能的。吒枳迦羅都是魔，讓一切成爲他的伴侶，跟佛的知見是相背的。

是名第八發邪思因．立熾塵果．違遠圓通．背涅槃城．生天魔種．

這叫天魔外道，生天魔種。

上回我們講的，要具足警覺性；因爲邪思（也就是不正的想法），多數是縱恣五欲，因心縱欲，所以產生了邪思。邪思若是嚴重了，會得到什麼結果呢？生爲魔種，墮入魔道。執著意識，執著本修的因心，執著不肯捨。因爲執著就背涅槃城，若是不斷欲而去修習禪定，一定落魔道，《楞嚴經》是以斷欲爲主。如果你在修定的功力很強了，但是裏頭夾雜有邪思，還貪欲世間，那就墮於魔道。

在《楞嚴經》上，佛把定性聲聞都打到魔道。證了四果的阿羅漢，或證得獨覺的定性二乘，佛還是把他們都歸爲魔道。凡是不發菩提心、不行菩薩道，絕對不能成佛。凡是不能成佛的，都屬於魔道。

現在開始講「定性聲聞」，因爲不肯回小向大，所以叫「定性聲聞」。

又善男子．窮諸行空．已滅生滅．而於寂滅精妙未圓．

第九種的定性聲聞、第十種的定性辟支弗都屬於邪道。本來證得阿羅漢果，證得獨覺果，這是二乘聖人。但是在《楞嚴經》上，定性聲聞也是邪道。

於命明中．分別精麤．疏決真偽．因果相酬．唯求感應．背清淨

道．所謂見苦斷集．證滅修道．居滅已休．更不前進．生勝解者．是人則墮定性聲聞．諸無聞僧．增上慢者．成其伴侶．迷佛菩提．亡失知見．

這一類的行者以他觀照的功夫，認識到精眞之體。粗惑沒有了，但是塵沙惑還在，精麤二種的因果他都能得到。也就是斷了見思惑，知苦斷集，慕滅修道。修道已成，證得二乘果位自認滿足了。

「於命明中」，識蘊顯露也就是能通達了。但是對於佛所說的初步教義，他對於聖道（聖道就是二乘果位），確實是證得了。證得二乘的果位，認識正道或者邪道，以他果位的相酬，依因感果。他的修得到果的酬答，佛對這類衆生說他背清淨道，背是違背，違背清淨道，這個清淨道是指著一乘的實相。背清淨道就是背一乘實教的教義。他能夠知苦、斷集、慕滅、修道，知道一切三世間的苦，悟得寂滅的道理。但是他證得寂滅的道理，更不前進，所以迷菩提，亡失正知正見。這個正知見是指著不求成佛果的。

是名第九圓精應心・成趣寂果・違遠圓通・背涅槃城・生纏空種・

這是佛所批評的，定性小果，沉空滯寂。沒有圓通的因心，獲不到菩提的極果，不能證得眞正的涅槃。佛把這類衆生叫做「生纏空種」，永遠纏於空，沒有超脫的志向。說圓精應心，獲趣寂定的小果，這叫沉空滯寂。滯於空種，這是定性聲聞。

又善男子・窮諸行空・已滅生滅・而於寂滅精妙未圓・

生滅是滅了，得到寂滅了，精妙未圓，「未圓」是去佛國還很遠。這裡是指定性的辟支弗，前面是指定性的聲聞，這幾句經文是定性的辟支弗，總說是二乘。

若於圓融清淨覺明・發研深妙・即立涅槃而不前進・生勝解者・是人則墮定性辟支・諸緣獨倫・不迴心者・成其伴侶・迷佛菩

提・亡失知見・

辟支弗是在無佛的時代，自己開悟的；緣覺乘是緣一切諸法而悟道的；獨覺乘是無佛出世，他悟得了緣起的道理，但是他不迴小向大，迷佛菩提。

對於這一類的知見，沒有成佛的知見，「亡失知見」。他自己靜觀一切事物的成長，生、住、異、滅，這就是觀察因緣而所生，悟一切法都沒有自性，緣境而悟道的，這一類都叫緣覺。

他得道是因勝解而得道，這個勝解是指他證得空性，墮入定性辟支弗，定於空性當中。

這是不求發心、不求正果，叫二乘聲聞跟獨覺，佛認爲他跟凡夫天魔是同一類。

是名第十圓覺湣心・成湛明果・違遠圓通・背涅槃城・生覺圓明不化圓種・

這跟圓通佛的境界違背，距離很遠。「背涅槃城」，不能證得佛果。「生覺圓明不化圓種。」覺是獨覺，無佛出世叫獨覺，緣因緣法叫緣覺。這二種的果位，圓明就是他悟證的境界，無師而自悟。那麼緣覺緣生滅性，他不能夠悟得一切諸法皆空，一切諸法無我，這個只做到空性的一半。佛把他化歸爲外道之類。前頭八種外道加上聲聞、緣覺，這十種不能成佛。不過，只有《楞嚴經》是如此按禪定的功夫來批評。

到這兒，佛總結一下。

阿難．如是十種禪那．中途成狂．因依迷惑．於未足中．生滿足證．皆是識陰用心交互．故生斯位．

以上是修十種禪定功夫的人，禪那是善境，修禪定功夫的時候，生起這十種邪寂。因爲邪寂的當中，中間沒有修成功，反成狂。在這裡頭有二種聖人，聲聞跟緣覺是聖人。佛批評他們沒有生起緣覺，實際上他們的生死是了了，出了三界。這是佛刺激他們，讓他們廻小向大。

眾生頑迷．不自忖量．逢此現前．各以所愛．先習迷心而自休息．將為畢竟所歸寧地．自言滿足無上菩提．大妄語成．外道邪魔所感業終．墮無間獄．聲聞緣覺不成增進．

把定性聲聞、定性緣覺，歸入前頭的邪魔十類之中，都叫頑迷，迷菩提，迷佛知見。

佛對阿難說，這十種「眾生頑迷，不自忖量，逢此現前，各以所愛，先習迷心而自休息。」因爲獨覺跟緣覺、跟二乘的不發大心的聲聞，自己滿足了，把他所證得的當成了無上菩提。

如果這樣認爲、這樣稱謂，就是大妄語。如果是外道邪魔，他所感的業是墮無間獄。如果是聲聞緣覺，不稱精進，叫定性聲聞、緣覺。不前進了，都是滯空沉寂，在空寂當中。這是他過去無量劫所集修的，所得到的邪知邪見種子，迷悟白心，把他定中所現的境界相，跟他自己以前的發心是相似的。這就是一切外道跟聲聞緣覺的病根。

未得言得，未證言證，外道認爲自己成就了，永遠不生不滅了，這叫大妄語。大妄語一定下地獄的。

聲聞緣覺他們證的是無漏惑，已經不再漏了，沒有地獄，沒有三界，只是不精進而已，不向前求佛。把化城當爲寶所，化城不是究竟的，這是同中的不同。二乘人跟那些天魔外道是不一樣的，外道是要下地獄的，二乘人不會再下地獄了，永遠斷絕了。

汝等存心秉如來道．將此法門．於我滅後．傳示末世．普令眾生覺了斯義．無令見魔．自作沉孽．保綏哀救．銷息邪緣．令其身心入佛知見．從始成就．不遭岐路．

前頭的十類眾生，包括定性的聲聞緣覺，一共十類。那十類眾生，失佛知見，入到歧途。佛就囑咐阿難說，你要宣揚此法門，在我滅後傳播於給末世，讓一切眾生明白這種道理，不要墮於天魔外道，不要墮於滯空沉寂的二乘，讓他們消除這種邪緣，讓他們入佛知見，「從始成就，不遭岐路」。

如是法門．先過去世．恆沙劫中．微塵如來．乘此心開．得無上

道。

「如是」是指法門說的，現在的法門要辨別什麼是魔？什麼是正道？爲什麼講五蘊？五蘊的最後一蘊是識蘊。如果墮入識蘊不超出，乃至於二乘聲聞獨覺不發大心，認爲自己成就了。二乘人還沒有破見思煩惱，還在八識當中，所以佛讓他們超離、發菩提心。

「如是」是指楞嚴法門說的，這是過去的無量諸佛依此而成道的，所證得的無上道。這是專指楞嚴法門說的。

識陰若盡。則汝現前諸根互用。從互用中。能入菩薩金剛乾慧。圓明精心。於中發化。

假使色、受、想、行、識的識蘊，沒有破除是成不了佛的。轉八識成識智，得把八識轉成智慧。識蘊若盡了，究竟成功了；眞正證得了，你的現前根根互用，體性圓融，六根之用沒有間隔的，一根即具足五根，互用當中就能得到金剛慧，這叫金剛乾慧。這個得識蘊盡了，識蘊盡了，諸根互用，在互用中這才行菩薩道，入菩薩金剛乾慧。

「圓明精心」，就是不生不滅，生滅和合，寂滅現前。超越世間一切魔外，超過出世間二乘小乘的聖人。金剛乾慧是破你最後的無明惑。金剛慧是能破生相無明的，不破生相無明不能成佛。

發了菩提心才能有這種金剛智，有這種金剛智才能夠破除最後的惑。所以現在一切菩薩，能入菩薩金剛乾慧，圓明精心，證入這個慧就可以得到圓明精心。精是不雜，圓滿是無礙，明淨圓滿無礙。

如淨瑠璃．內含寶月．如是乃超十信．十住．十行．十廻向．四加行心．菩薩所行金剛十地．等覺圓明．

這是講眞心世界。眞心世界是一切諸佛衆生圓融無礙，互相交徹。發菩提心，證得菩提果，初發心時成正覺，如是二心初心難，你剛一發菩提心，就成佛了。成佛的心跟你最初發菩提心是兩個心。如果你不發菩提心，成不了佛。到了成就佛果的心跟初發菩提心的心，這兩個心哪個心難哪？如是二心初心難。

只要你一發菩提心，決定能成。但是你發了心之後，時而發、時而退、時而隱，你發了這個心一定增長的。但是我們凡夫從現在起，不是一發菩提心了，生死就了了，還得經過很長的時間。

這一生發了菩提心，來生又把發菩提心忘掉了，不能相續。但是這個菩提心是金剛種子，永遠不會變滅，它會相續的，只要你發了菩提心，一定能成佛。

爲什麼呢？因爲他是時而隱、時而現，一發了菩提心，你這個心永遠不會變滅，不會壞的。因爲你的福德不夠，不行菩薩道，缺乏營養了。說你這一生迷了，沒有行菩薩道，你這一生沒有增長菩提心，諸佛菩薩一定來援救你的。一遇緣，菩提心就長起來了。這是在信行位的時候，搖擺不定，一到初住位，你那個心住在菩提心上，永遠不失了。

這個時候經歷十信心滿，初發心住，就不再退了。十信、十住、十迴向，這叫三十心。再經過四加行，之後登入初地，再不退了。金剛十地，就是不壞的意思，一直到等覺妙覺，竟究成佛了，圓明了。

成佛了，還是你最初發的心，成就的還是這個菩提心，乃至到等覺妙覺，那個成就了菩提心。所以頓超十地就是一生，圓教的利根一生成佛。《華嚴經》的善財童子、《法華經》的龍女都是一生成佛的。

入於如來妙莊嚴海．圓滿菩提．歸無所得．

「妙莊嚴海」，就是你歷生所修的，萬德莊嚴你的佛果。因所修的所積累的德，莊嚴佛的果海。妙莊嚴海，福德智慧都圓滿了，圓滿菩提，證得一切種智，這是究竟了。證得菩提跟眞如本性，跟你自性本來的眞如性，合而爲一了，這是理。你修的一切事，事歸於理，事回歸於理，一切心歸於佛心，圓滿了究竟無餘了。

「歸無所得」，自己的心行，契合你本具的眞如體性，不是外來的，全是內心所具的，這叫理究竟。理究竟還是原來所具足的，圓滿菩提呢？是智慧究竟。

我們現在做什麼？先培我們的福德，長養我們的智慧，福德智慧兩足尊，才叫成就佛果了。等到你成就了，從性起修，還歸於你的眞性，離開你的性，離開你的體性，離開你自具的體性，沒有一法可得。

稱性起修，稱著你全體的性體而起的修行，所有一切修行還歸於你的體性。稱性起修，還歸於體性。又有另外兩句話，「狂心頓歇，歇即菩提」，你那個妙明的真心哪！把那狂妄的狂惑清淨下來，還回你原來的妙明真心。

此是過去先佛世尊．奢摩他中．毗婆舍那．覺明分析微細魔事．

佛跟阿難說，此是過去一切的諸佛世尊，在奢摩他的止當中，毗婆舍那觀的當中，止觀覺了，分別無礙。「覺明分析微細魔事」，因此一切魔事消滅了，直至菩提。心不迷惑得大利益了，「覺明分析」，微細的魔事，一切的魔業，全部消失，這叫楞嚴大定。

魔境現前．汝能諳識．心垢洗除．不落邪見．

「魔境現前，汝能諳識」，魔境現前，你能心中了了分明，不被魔所障，心不作垢染，把這魔事給他清除了。說你身上所有的垢染就是魔，魔不是外來的，心裡所有的垢染都是魔。你能認識到他、不被他所沾染，心垢洗除，不落邪見，那魔無可奈何了。不落邪見，直至成佛。

陰魔銷滅．天魔摧碎．大力鬼神．褫魄逃逝．魑魅魍魎無復出生．

陰魔之上有心魔、有見魔，這是屬於心的垢染，要把他洗刷乾淨。「陰魔銷滅，天魔摧碎，大力鬼神，褫魄逃逝。」一切魔鬼魔神，「魑魅魍魎」，莫奈汝何？「無復出生」。

我們上面講的五蘊魔，就是你的心跟你的見。心洗清除了，一切天魔外道，莫奈你何！

直至菩提．無諸少乏．下劣增進．於大涅槃．心不迷悶．

一直到了菩提，「無諸少乏」，一點也不缺，一點極小的毛病也沒有。沒有下劣的思想，增長菩提心，對於大般涅槃，「心不迷悶」；對於佛的果位，心裡清清楚楚的，直至成佛。

下劣是二乘，如果是廻小向大，或下劣心捐棄了，進入大乘心，心不迷悶也不顚倒。修禪定的道友們，講大凡勝小乘，修無上禪的時候，一發菩提心，就這個心已經勝過小乘的聖人，勝過二乘果位。

如果已經證得聲聞圓果位了，沉空滯寂、不發菩提心，在《楞嚴經》上，佛說這是魔，不過這個魔是超出三界外，不受生死輪廻，只是心量不大、不肯利益眾生，所以大凡勝小乘，就在這裡。

若諸末世愚鈍眾生，未識禪那，不知說法，樂修三昧，汝恐同邪，一心勸令持我佛頂陀羅尼咒。

現在是末法，我們都在這個範疇之內，都是愚鈍眾生。「未識禪那」，不了解這種奢摩他的止，也不知道說法；但是喜歡修三昧，喜歡習定，這樣容易入邪，容易入外道。如果你害怕入於邪道，怎麼辦呢？「持我佛頂陀羅尼咒」，也就是持《楞嚴經》的〈楞嚴咒〉，你修定怕招邪，那你就念〈楞嚴咒〉。

若未能誦．寫於禪堂．或帶身上．一切諸魔．所不能動．

若不能念、不能誦，怎麼辦？在你修定的禪堂寫上〈楞嚴咒〉，這樣可以避魔。

現在有人把〈楞嚴咒〉印的很小，縫個小口袋在身上，隨時帶著〈楞嚴咒〉，這可以起什麼作用呢？修禪定的時候，魔不能入，魔不能動。如果你不能念誦，那就把它帶在身上。

帶上〈楞嚴咒〉，你雖然不能讀誦，〈楞嚴咒〉會保護你，佛力加持，這是佛親口所說的。《楞嚴經》就是這樣教授我們的，持佛頂陀羅尼咒，雖不能誦，禪堂寫上，一切魔進不來；或者你帶在身上，一切魔不能動你。

〈楞嚴咒〉的功力非常大，〈大悲咒〉也如是，一切咒都如是，〈地藏菩薩滅定業眞言〉也如是。咒就是濃縮，〈楞嚴咒〉就是一部《楞嚴經》了。

汝當恭欽十方如來．究竟修進最後垂範．

「十方如來，究竟修進最後垂範。」佛所教授的最後濃縮為〈楞嚴咒〉，這是十方一切諸佛從始至終究竟修行的法門。你如果恭敬承事，能夠以此自利利他。

我們學《楞嚴經》，要習定，要修禪定，要斷一切魔事。自己感覺自己力量不夠，怕飛魔入侵，那你就把〈楞嚴咒〉帶在身上。你住那個房子、禪堂，把〈楞嚴經〉貼到那上頭，魔進不來。

為什麼？此是十方如來自始至終修行的法門。十方一切諸佛如是修，依著《楞嚴經》而修，這就自利利他。等你把五十陰魔學會了，知道什麼是魔？什麼是法？什麼是佛菩薩加持？這是自利利他。

二者、十方如來哀愍最後的末法眾生。末法眾生業障重，禪堂也不清淨，又缺乏明師指導，怎麼辦？把〈楞嚴咒〉貼上可以避諸魔。這是十方如來殷勤教化眾生，這是修止的、修三摩地的、修禪那的最初方便。但是你要生信，由生信而開解，由開解而能進入，這個咒就能達到耳根圓通。

經文上面並沒有這樣說，這是我心裡想的，耳根圓通法門是觀世音菩薩的法門，你念〈大悲咒〉也一樣，觀世音菩薩說你一門深入，從耳根深入，法法相通。你念〈普門品〉也是一樣的。

五種妄想的根源

阿難即從座起．聞佛示誨．頂禮欽奉．憶持無失．於大眾中．重復白佛．如佛所言五陰相中．五種虛妄．為本想心．我等平常．未蒙如來微細開示．

佛教授之後，阿難就從他的座位起來，聽佛的開示教導，頂禮佛，憶持〈楞嚴咒〉，憶持《楞嚴經》。他在大眾當中向佛頂禮之後，他就向佛表白說。

「如佛所言五陰相中」，佛前面跟我們講五陰境界了。這五陰境界全是虛妄的，「五種虛妄，爲本想心，我等平常，未蒙如來微細開示。」說我跟佛這麼久了，佛從來沒有像這一次法會當中，如此開示五陰。五陰是怎麼來的？妄想安立的。那妄想以什麼爲根本呢？這是阿難的第一問。阿難問佛，五陰是依著妄想而安立的，什麼是妄想的根本？這是問妄源。

阿難請佛說妄的根源是怎麼來的？五蘊當中有五種妄想，色蘊堅固妄想、受蘊虛明妄想、想蘊融通妄想、行蘊幽隱妄想、識蘊虛無妄想，這五種妄想都是虛妄的，當體全空的。但是它的根本究竟如何來？唐朝的宰相魚朝恩也是這樣請問過國師，妄想從何起？何者是妄想？無明從何起？何者是無明？

阿難現在也這樣問佛，什麼是妄想的根本？妄想從何起的？

又此五陰為併銷除．為次第盡．如是五重．詣何為界．

什麼是五種妄想的根本？若要銷除妄想，連妄想都盡了，有沒有界限、次第？

是先把色蘊消失了，之後想蘊消失了，之後是色、受、想；一蘊一蘊的，從開始到還滅，從消滅的淺到消滅的深。是一併銷除？還是次第盡？五蘊是一下消除，還是一個一個消除？這叫次第。

色蘊跟受蘊中間有沒有界限？「詣何爲界」？證明色蘊消除了，現在受蘊又起來了，問每一蘊有無邊際？阿難向佛請求說法。

惟願如來發宣大慈．為此大眾．清淨心目．以為末世一切眾生．作將來眼．

「惟願如來發宣大慈」，您發大慈大悲使我們的心清淨，眼目明白，「以為末世一切衆生，作將來眼」。就是作他們指導的方針。

佛告阿難．精真妙明．本覺圓淨．非留死生．及諸塵垢．乃至虛空．皆因妄想之所生起．

什麼是五蘊的根本？都是妄想生起的。一切塵垢、一切生死，全是由妄想生起的，我們說打妄想、打妄想，妄想就是生死的根本。你不打它也存在，打它也存在，並不是你想不想，一切根本都因妄想而生起的。

斯元本覺妙明真精．妄以發生諸器世間．如演若多．迷頭認影．

佛答覆的意思就是告訴他，妙覺明心就是五蘊，你還要問五蘊差別之相，妙覺明心迷悟之相。因爲一切法建立在空中，空中無色。我們念《心經》，《心經》就講五蘊皆空，色、受、想、行、識是眞空的，實相之中沒有的，都是無相的。

虛妄發生在本覺，「妙明眞精，妄以發生」，根本沒有虛妄發生，就像演若達多所說的，他認了假的影子，卻把眞的頭丟了。

這個比喻大家都懂得。但是實際上我們認爲五蘊是眞實的，並沒有把五蘊當假的。現在我們每天的生活當中，不是把假的當成眞的嗎？如果你認成假的，不就成道了嗎？苦、集、滅、道就沒有了！簡單說，我們學佛都知道我們這個色身是假的，我們哪一天、哪一時、哪一刻、哪一念，沒有把身體當成眞的啊？你若當成假的，腦殼痛也不痛，並沒有當成假的，都當成眞的。

我昨天還這麼想，現在九十五歲，眞的老了嗎？假的。一想到九十五歲了。如果沒有這個思想，你沒有什麼老也沒有什麼小！這都是妄想。

每個人都這樣想，就像演若達多似的，他的腦殼就在身上長的，他卻說腦殼丟了，道理是一樣的。我們一切衆生好像明白了，遇事就不行了。

在理上我們都能知道這是假的，但是你假不了啊！人家往你的臉上吐口水，馬上就火冒三丈，不管誰吐你，不是這樣子嗎？如果你知道是假的，跟你毫沒有關係，你吐就吐。

人家把你的腦殼砍掉了，那不是我，那你永遠不死了。就是假不了！問題很簡單，就像人家矇一張紙，紙那邊你前面看不清楚，拿手指我捅個洞，沒捅這個洞，你看不見外面。

「斯元本覺妙明精眞，妄以發生」，一切世間相一切影子，原來就沒有，頭上安頭，就像演若達多把腦殼丟掉是一樣的。

妄元無因．於妄想中．立因緣性．迷因緣者．稱為自然．彼虛空性猶實幻生．因緣自然．皆是眾生妄心計度．

要找元因，「妄元無因」。佛就答覆阿難，你要找一個妄的元因，沒有。有還叫妄嗎？這個道理大家都明白，妄不是眞的。「於妄想中，立因緣性。」在沒有當中立個有，這個有就是因緣。爲什麼？緣起。把這個因緣迷了，迷了不承認因緣，稱爲自然的（參考〈楞嚴經正脈疏〉卷十），世間上沒有自然的，哪一法是自然的？虛空皆是自然的嗎？虛空對著有說的。沒有有，虛空還有嗎？這還立個虛空幹什麼？「彼虛空性猶實幻生」，它是幻化的，「因緣、自然」都是衆生自己計度的。

「張三」、「李四」等等，這都是你計度的假名。你不計度，什麼都沒有。如果你沒計度，哪有五蘊。五蘊牢固不可破的，五蘊根本就沒有，若認爲有，你也破不掉。因爲原來就沒有，根本就不成立，所以叫妄想顚倒。沒有一個眞實給他依賴的，這個大家都可以觀，這個世間你所見到的，哪樣是眞實的？哪樣是不壞的？沒有眞實的。

你若答覆了，虛空是眞實的，既然叫虛空，根本就不是眞實的。虛空還是眞實的？眞實的還叫虛空？再舉別的例子，哪一樣是眞實的？沒有不壞的，沒有永恆的，這就要修觀了。

一切法是因緣假合的，迷了因緣，說一切法自然的，它的虛空性，虛空性是什麼樣子呢？幻生的、因緣的、自然的，幻生因緣自然，衆生的計度，妄生虛妄計度，也沒一個幻生，也沒一個因緣，也沒一個自然，這是你安上的，諸法都如是。

彼虛空的性不動不壞，虛空有體嗎？幻妄所生的才叫空。迷了，迷妄才有虛空，依空而建立世界。所以空的建立世界，在世界裡頭所產生的因緣、自然，是衆生的妄生計度。這要思惟，不是在語言上能悟得到。你要用事實去觀想，想哪一樣是眞實的，這個世界上沒有不消失的東西。

阿難．知妄所起．說妄因緣．若妄元無．說妄因緣．元無所有．何況不知．推自然者．

妄是從什麼地方起的？「知妄所起，說妄因緣」，妄是怎麼起的呢？說妄因妄緣，妄因妄緣從哪兒來呢？妄無元，原來就無有，妄計無元，「說妄因緣」，原來沒有又說它有，這不是頭上安頭嗎？推為自然有，什麼是自然有的？沒有一法是自然有的。

是故如來與汝發明．五陰本因．同是妄想．

色、受、想、行、識同是妄想，五蘊的本因，為什麼有五蘊呢？妄想。那就不是沒有五蘊嗎？五蘊本空，妄想不是實。妄想本身就是妄，還有什麼實？二俱皆非，兩個都是假的。

假的是針對真的說，因為你認為是真的才說是假的，真正沒有，假立不起來呀！說假作什麼？原來無一物，還有什麼假的可安嗎？有什麼真假嗎？原來本來就沒有，真假從何立呢？所以一切的問題，就在六祖答覆的那個偈子當中，「菩提本非樹，明鏡亦非台，原來無一物，何處惹塵埃」，原來什麼都沒有。哪裡還有惹塵埃呀？沒有。

眾生妄計，眾生一妄計，這一執著不但有，愈有愈無邊了。有法無盡，「是故如來與汝發明，五陰本因，同是妄想。」說了半天，說那是妄想。色、受、想、行、識，什麼是他的因？妄想，這就答覆了。

汝體先因父母想生．汝心非想．則不能來想中傳命．

「汝體先因」，說阿難的體，是因為你的爸爸媽媽想生個孩子，把你生出來了。你的心也想。若是不想，你會來的到嗎？是你想的。汝心若是非想，你不能投生；就是因為你心裡一想，你的爸爸媽媽又想生個兒子，你就來了。

如果你的心裡沒有想，你不能來。說你在那想，等到因緣成熟了，你的身不是有，汝身非有。是你爸爸媽媽打妄想，把你想出來了。

如我先言．心想醋味．口中涎生．心想登高．足心酸起．懸崖不有．醋物未來．汝體必非虛妄通倫．口水如何因談醋出．是故當知．汝現色身．名為堅固第一妄想．

「如我先言，心想醋味」，一想醋，口裡就酸了。

從這個例子我想到〈三國演義〉，曹操在行軍的時候，大路上沒水喝，渴得不得了，怎麼辦呢？曹操很聰明，他說前頭有個梅樹林，快點走，到梅樹林去吃梅子。大家一聽精神都來了，一說梅子口裏就冒酸水，你一冒酸水不渴了。

這是個故事，我們學佛的人，看見小說也好、什麼事情也好，你要往佛教的道理去想。拿佛教的道理一講，微妙的很，一切法如是。或說我的心想酸味，口裏就流口水，心想登高，腿就酸起來，足心就酸痛了。如果沒有懸崖，沒有這「醋物未來」，你的體也不會感覺到。

「虛妄通倫」，不論想什麼，所有假事眞事，一切都是如幻泡影，一切法如夢幻泡影。這是《金剛經》上的句子，那不是一句話呀！你遇到任何事，越煩惱的時候，一切諸法，如夢幻泡影，你的心裏就解脫了。既然如夢幻泡影，你跟他執著什麼呢？今天想什麼，想的睡不著覺，如夢幻泡影，假的！等你一想，假的，什麼都放下了，一來就睏了，乏了，這不就睡了！好多問題都如是，如夢幻泡影。

佛教授我們許多成道的方法，從每一天的生活當中你都可以開悟。你一想，確實是這個道理，等你想不通，鑽牛角尖了，當你從牛角尖跳出來就通了。你鑽到牛角尖裡頭，當然不通。

所以佛跟阿難說，一說醋，你的口酸就起來了，流口水，這是物質的反應，我們對任何事情都有這種反應。

即此所說臨高想心・能令汝形真受酸澀・

這是講受蘊所遇到的境界，如果你以前受過的你就知道，沒有受過，反應不大厲害。如果你受過的，一說，你那虛妄懸想就現前了，你就感覺酸澀不通，這叫心理的作用。

由因受生，能動色體，汝今現前順益違損，二現驅馳，名為虛明第二妄想。

因爲這樣的關係，你的受生、能動的色體，跟現前的違境界逆境界，往你的心裡一想吧！這些想法告訴你，全是妄想。妄想能引起身體生理的反應，就是這個妄想所成的。所以你一想，你那身體就有感覺了，就是這妄想所成的。不是這個妄想成的，他沒有感覺。

語言思想，想的心是因，但是你領受了；色蘊是因，領受的受蘊，它就生起了。受必須有東西，必須有別的物質，這是受！想是沒有！打個妄想，一想就到了。

現在不說神通，就說你的妄想。你想到太原大乘寺，這麼一想，哦！你到了大乘寺了，都現前了。如果沒到過大乘寺，你跟他說大乘寺怎麼，他想了半天還是不知道。爲什麼？他沒有去過，得去過的才熟悉。我跟大家說監獄，你們沒有住過，無論怎麼想那味道就是不一樣。他一跟我說監獄，我就清楚監獄是什麼樣子，懂得嗎？

受蘊得受生才能動你的色體，順益違損，相順的就感覺高興，違背你思想的就感覺有所損減。這兩個相互驅馳的，全是假的，這叫虛明妄想。

能想的心是因，想的心能動色體，這就是緣。「能動色體」就是五蘊身受生的時候，由於想的心，受蘊生起，所以「能動色體」。

能動的色體是苦樂二相，苦相、樂相驅馳不息，驅役你的心馳流不息。因此你這個現前的色身，能受生的色身是怎麼來的呢？他是由想心、受蘊，由這個形相而生汝現前這個肉體。有順緣、有違緣，順緣就是增長受益，違緣就是損傷。

苦樂的二境，就是二現驅馳，也就是苦境跟樂境，驅馳就是能役你的心，你的心就被苦樂所驅馳，這樣永遠不息。但是這個所生的心是虛明，全是妄。違境、順境沒有眞實的，虛假的，這叫第二個妄想。

由汝念慮使汝色身．身非念倫．汝身何因隨念所使．種種取像．心生形取．與念相應．

由於念慮、念處，促使你這個色身（但是色身不屬於念），「身非念倫」。但是你的念處沒有因，「汝身何因」，如何被念所驅馳？種種的取像生心，「心生形取，與念相應。」

這一段經文的意思是說，你的妄想是五蘊之中的想蘊驅馳你身心的識，這個識不是眞的，而是虛假的、可壞的，爲什麼不是眞的呢？是由想蘊所成的。

這個念慮就是想蘊。念慮就是由你這個想蘊所生起的一些浮想，浮是空的，不是紮實的。由念慮使我們這個色身生長，但是身不是念倫，身跟念跟思慮，是兩回事。能馳的是想，想是屬於心，如何驅馳色身？心生了，取形像了，跟你的念相應、跟想相應。想蘊是妄想，由於想跟身念相應，才成立這個想蘊。

寤即想心．寐為諸夢．則汝想念搖動妄情．名為融通第三妄想．

寤即是心，寐即是夢，「則汝想念搖動妄情」，名爲融通，這是第三個妄想。

「想心」，能想的心，跟你寤寐所作的夢，跟你的妄情融通在一起，這叫妄想。我們經常說打妄想，妄想是怎麼來的呢？由於你的想心跟一切夢境，搖動你的妄情，妄情跟想心融通了，這就成了第三個妄想。

你的身體跟你的想相應了，由於這個想念不停息，動搖你的妄情。你睡覺會作夢，這夢境所有由來，是眼、耳、鼻、舌、身、意的五根，跟外頭的色、聲、香、味、觸、法，互相融通，身心互用而成的妄想。互用這個色身，又隨你的念頭驅馳，所以才搖動你的妄境。這是妄境跟你的妄情結合在一起，想蘊跟你的妄境結爲一體。

夢寐之間，搖動你思想的妄情，妄情融通你的意身。想是屬於心理作用，身是肉體，身體的作用是得受妄想的支配，想支配你的身體。但是你這裡頭隨時的變遷，你不覺得，因爲你的「想」是變化不住的。

化理不住．運運密移．甲長髮生．氣銷容皺．日夜相代．曾無覺悟．

現在講行蘊，行蘊是前妄的根本，想由心生。行蘊是很微細的、很幽隱的，行蘊本來沒有，但是因為你心的生滅不停，行蘊就是你那個心哪！不停的想。這個不停的想，不是前頭的想蘊。

行蘊是很微細的、很幽隱的、很難知的。心裡的生滅不停，說這個不停的生滅，就叫行。這個行是若身若心，遷流不住，人是怎麼老的啊？就是這麼遷流不住老的。就像一種變化的東西，它不停的在那兒裡頭動腦子，其實是心裡不停的動，你能分出你心的生滅相嗎？這就是生滅相。

說密移，是指你沒有辦法了解。

還有我們指甲、頭髮的生長，經脈的搖動，這都是行蘊。行蘊在那裡不停的變化，不停的行動。行蘊的理體是什麼？是不停的變化。這完全是用，或者說事情的事。肉體與心理，心理是生滅不停的念念在想，身體是不停的變化，不是一下就老的。它在不停歇的變化，遷流不息，念念遷變。這種動向，你沒有辦法理解，幽深難測。這就是運運密移。

頭髮的長，指甲的生，「甲長髮生」，人就漸漸的消失，變老了，容顏也起皺了。如果每年照一張相片的話，自己看一看。平常沒有感覺，但是經過微細的密移，秘密的推遷，你的相貌漸漸就會消失了，髮也白了、面也皺了，這都是日夜相代變化來的。你有覺悟嗎？這叫生滅不息，念念遷變。

阿難．此若非汝．云何體遷．如必是真．汝何無覺．

你知道這是天候的變化嗎？這肉體是你嗎？不是你嗎？若不是你，我在何處？虛妄無體，辨別虛妄無體，說他念念不停的遷變，不是一下就老的，你不覺得。假使說是眞的，你就不該變，變了就不眞。若眞正是你，你可以掌握它的變，你應該有覺悟，你知道你的變嗎？前一個鐘頭、後一個鐘頭就變了，沒有誰感覺到，誰感覺到了？

它是念念不停的變遷，不是一下子從十歲孩子變成六十歲、九十歲的老頭，那樣你就有感覺了。是念念的變，你沒有感覺。等變成了，你才感覺到了，自己也知道。今年五十了，不是去年的四十九，這是粗的。前念過去了，後念生起了，變了老了，這一念可以感覺到嗎？前一念跟後一念，這一念間就感覺不到，若隔上一年，你就感覺到了。隔上十年，那你當然也感覺到。它是念念的遷流不息。說你的身體遷變，它變了就不是眞的，你何必認眞。若是眞的，那你就不變了，眞的，你應該有感覺；前一念，後一念變了前一念，這一念間變了，在心裡是可以發生的。

大家看歷史小說，說伍子胥過昭關，這個關口若檢查到了，就是死亡。他在一夜間愁得不了得，明天如何過昭關？第二天眉毛、頭髮全白了，這叫伍子胥過昭關。他不用化妝也不用藏了，鬍子頭髮全白了，這是故事。人有時候憂愁，相貌就變了。這不是化妝，而是思想上的化妝。

佛問阿難，你現在的身體是不是你？你肉體的變遷是眞的？是假的？你有感覺嗎？就是這麼句話。是你？不是你？是你的體遷變，那就不是你了，不是眞的；若是眞的就沒有遷變，你自己沒有感覺。

一切法沒有眞的，遷流不息，色、受、想、行、識五蘊，這裡是指行蘊，都是妄想。

則汝諸行．念念不停．名為幽隱第四妄想．

這個念，念念不停，非常秘密非常幽隱，所以名爲幽隱。這是第四個妄想。

又汝精明．湛不搖處．名恆常者．於身不出見聞覺知．若實精真．不容習妄．

這一段講識蘊。眞絕對不是妄，妄也絕對不是眞。五蘊境界當中，受、想、行、識的識蘊，識蘊是一切妄的根本。

識蘊有沒有？識蘊在哪裡？識蘊就是心，要說是眞的，就是我們達到成佛了，妙明眞覺，妙明的眞心。但是我們墮落爲凡夫，墮落爲衆生，那是妄想把熏習蓋覆了，妄想熏習蓋覆眞性。識蘊藏著眞心，識把眞心給蓋覆了，也就是你的眞心被妄想給打掉了，就是妄想，沒有眞實的。心如果不搖動，湛然常住的，那你的身上就沒有見聞覺知了。身體的見聞覺知是從何處來的？妄想生的。

若是眞的，眞的不容妄，但這是眞妄和合的！那八識不是眞妄和合的嗎？眞不容妄，妄裡含著有眞，能修行到這種境界，那是登地的菩薩了。這是講妄分。

佛又舉例子跟阿難說。

何因汝等曾於昔年覩一奇物・經歷年歲・憶忘俱無・於後忽然覆覩前異・記憶宛然・曾不遺失・則此精了湛不搖中・念念受熏・有何籌算・

識有體嗎？識是沒有體的。假使說我們認識一個事物，要找認識的這個體，這個體在哪兒？就現實來講，眞絕不容妄。妄由是從哪兒來的呢？妄由眞起的，無明熏眞如而產生妄。這個道理我們學教義的都知道。

說你小的時候見過一個奇怪的物，等經歷年歲了，還永遠記得。我在備課的時候也想到，大概五歲左右，我們縣裏產生奇異的現象，一頭母豬生了九個小豬仔，其中有一隻卻是象，全縣都轟動了。大概是爸爸帶我去看，「馬生麒麟豬生象」。但是當時的人不懂得，過了三天小象就死亡了。那是我當小孩時候看的，這個印象我永遠記得。

一切事物當中，若有一件奇怪的事物你能記到，要是經過這種事你就可以知道了。記憶宛然，記憶裡很清楚很清楚的，絕不會忘失。這個能記得的精明，念念受熏。有什麼籌算？這恆常的記憶是怎麼思惟的？如何籌算的？這是反難的問題。

若是所有一切的情感，實在有一個眞實的，那眞實的就不容習妄。不容習妄，過去習慣了，不容妄想的意思。那是什麼緣故呢？就像你這個記憶力，看過一個奇怪事，經過多少年也忘不了；或奇怪物，則精了。因爲念念受熏，所謂籌算者，就是你的想法。這個認識的識體，若是眞的，就容不得習妄，不受外邊的熏染而生起變化。

我小時候看見豬生象，腦子裏頭就永遠有這個記憶。什麼原因？就是這句話。昔年看過一個奇物，經歷好多年憶念都不失掉，再遇到前頭那個變異相，就把你舊的想法一下子現前了。

我們每一個人回憶一下，從你記事那一天起，你的腦子裏頭積累好多東西了。這東西若把它擺出來，有形有相的，它是寄存在什麼地方？儲藏在什麼地方？我們每個人都可以記得很多事。儲藏在什麼地方？假使以前的影子一現，你的腦子馬上就反應出來了，記憶宛然現前一樣的，「曾不遺失」。這個精了的心，「湛不搖中，念念受熏」，有何籌算？何因何緣還不失掉？這是湛然的眞知。

說到這兒，佛又跟阿難說。

阿難當知．此湛非真．如急流水．望如恬靜．流急不見．非是無流．若非想元．寧受妄習．

「阿難當知，此湛非眞」，說這個不是眞的，是靜下來的。佛又舉個例子說明，「如急流水」，水流動得非常的快。但是沒風沒浪恬靜的，流得很快的，你看不見流，是恬靜的。那個急流你看不見，還在流呀！「非是無流」。「若非想元，寧受妄習」，這是想蘊的。之後含藏在識蘊當中。受、想、行、識五蘊，其實就是一念間。

再舉個例子，我在加拿大溫哥華曾經看過一個奇怪的現象，凡是這裡的魚都是往上游。凡是到過加拿大溫哥華都看過這個奇景，魚搶著水往上流，流到山頂上。山上有大池，到那兒產子，產完子又流下去。不論流到海裏什麼地方，每年一定要回來，也就是牠產子的時候，順水上流。你看得很清楚，水是向下流，而魚要向上流很困難的，牠們一點點的衝，那是一種奇景。

這個地方，「此湛非眞」，湛然不是眞的。急流水，你看起來很平靜沒有流，實際它流得非常急。流得急了反而平靜了。這是形容想元，想的元不受妄習干擾。這是形容識的。世間相有很多，跟我們所看見的相反。類似這類事，大家如果到過天台山也有這個現象。

一行禪師到了天台山，天台山有埆水，本來這個水是向西流的，那裡有個碑說，「一行到此水東流」。水本來向西流的，一行禪師到那一打坐，向東流了。這是神力嗎？是地理上的位置，這叫反常。

「此湛非眞」，這是湛然的湛，不是眞靜的眞寂。若是眞的不變，變的就不眞。很恬靜的，流急的不見了，「非是無流」。「若非想元，寧受妄習」，這句話是說急流水，波浪很平的急流水，很恬靜的，沒有波濤的參雜。爲什麼它起了變化？恬靜的。

佛拿這個舉例子，說識蘊的妄想根元，色、受、想、行，這四想的根元是妄習所熏染的。你看著很恬靜，實際上是妄習熏染並非無流，所以它發生變化。這是形容想元的。

非汝六根互用合開．此之妄想．無時得滅．

那個微細的妄想，什麼時候才能消滅？等到你六根互用的時候，根識開合之際，根跟識的開合，根跟根的隔離，那就是妄想。永遠如是，沒有消滅的時候。等你修行成道了，根解圓通六根互用，妄沒有了，眞顯現了。眼、耳、鼻、舌、意六根，互相開合的時候。什麼時候？生滅滅已，寂滅現前。等到寂滅現前的時候，這個阿羅漢能做得到六根互用。眼根沒有了，用其他的根也能看，耳根沒有了，用眼根能聞，這叫六根互用。

故汝現在見聞覺知中串習幾，則湛了內罔象虛無，第五顛倒微細精想。阿難，是五受陰，五妄想成。

六根未盡的想元（參考《楞嚴經指掌疏》卷十），就是你現在的見聞覺知串習，這是歷來的習慣。六精之性是什麼呢？就是八識。見聞覺知，互相熏習，念念受熏。在八識中念念受熏，六識的精性都在八識當中。八個識身互相通了，根根互用就是互相串連起來。眼也能聽、耳朵也能看。這必須得到「湛了內」，湛然寂靜，「罔象虛無」，這是微細的精想，要達到這種地步。我們經常用思惟來觀照，《楞嚴經》是要讓我們修行、觀照。

受想的根，是五受用陰互相的妄想所成的。色、受、想、行、識五妄，五種妄想，它是受報的，把那個真性給覆蓋了。這叫五受用陰，又叫五取蘊。補特伽羅是一切衆生的數數取，都在這裡取。這就是自體。

五蘊的軀，也就是我們這五蘊所成就的幻軀。觀你的五蘊身，這裡頭深淺微細有所不同，每個人跟每個人的不同，但是都是妄想所成的。眞心沒有。眞裡頭無妄，五蘊法都是虛妄不實，沒有一樣是眞實的。等你妄盡還源了，成爲一眞境界。你看《華嚴經》妄盡還原觀，專講五蘊妄成，回歸原來的一體。

汝今欲知因界淺深．唯色與空．是色邊際．唯觸及離．是受邊際．唯記與忘是想邊際．唯滅與生．是行邊際．湛入合湛．歸識邊際．

五識以何爲界？因界。想知道因界的淺深，要把它分開。因是界，色是色，受是受，想是想，識是識，把它分開。有相的爲色、無相的爲空，色單立一邊，受、想、行、識無相的。無相的，離開色相，空，就是色空二法。受、想、行、識是一邊，色蘊，有相就叫色，無相就叫空。若離開色相了，就叫盡色。色盡了都是空。

受蘊，它的取著曰觸，觸是融合的意思。觸，一接觸你才有受。有你高興接觸的，有你不願意接觸的。像打你的肉體，你不願意接受。或你享受的時候，洗澡很舒服，兩性相配，這都覺得舒服了，這叫高興的、喜歡接受的樂受，也有不高興的苦受。

受蘊當中，取著的融合在一起，融合有違境有順境，不高興的想離，高興的想融。這個我們在境界相上都可以想到，這是受蘊當中有違有順境，這是色受。

想蘊，有念的，記得起來的就叫記。有念的爲記，無念的爲忘，無念記不起來了，在諸念而不忘無念。有念的時候想到無念，有想到它相對的時候，有的是盡想，有的是盡忘，全想不起來了。有的全能記起，記性很清楚。想蘊的邊際，什麼也想不起來了，那就叫邊際了。無想了，想蘊斷絕了，想的邊際。在你靜下來的時候，什麼也不想，什麼都忘了，一不想什麼都忘了。

現在我開始有這種現象了，突然間什麼都忘了，就只看到眼前的，以前的記不得了。很熟的人突然間說不出他的名字，他是誰？這個就叫忘。一般人從八十歲開始有這種現象，我已經多過了十五年，到九十五歲才開始。又因為有佛法熏習的力量，所以這種的忘想一剎那過去了又恢復原狀。念記得，就想得起來，念忘了，記不起來了，想斷了，這是想蘊。

行蘊迷了，這個行蘊心裡頭散心雜念的粗相，這些行為就像瀑流一樣的，嘩嘩啦啦就流出去了。如果是修，心很細的，那個行為很密的，像什麼似的？你看那個山林裏頭野馬跑的時候，一下就過去了。現在用飛機形容，一分鐘飛了多少里了。特別是太空飛行的，拿這個來形容行蘊。我們的思想比較快。一念間，中國上海、美國紐約，這一作意、那邊一想，到了紐約去了，這都叫行蘊。

識就是把一切所想的，滅一切境界相入於識。無入就合湛，有入就內外湛明。識是入無所入，出無所出。大家回想這個識，也就是我們這個心，現在說的這個心就是八識的體，湛然生滅，你能分析的出來嗎？你的思想分析不出來。你醒的時候，在行蘊當中，這個識蘊當中，由行蘊而進入識蘊，湛的時候你還可以辨別。但是在夢中呢？夢裡的識蘊運動，跟醒著的時候是一樣的。

這個若存若亡的八識，我們認識不到，我們的心都認爲絕對是有。一切生滅之相、生命之相，都由這裡流出來的。

我就想到《楞嚴經》上的一句話，「妙湛總持不動尊」，這是形容我們八識這個體，「首楞嚴王世希有」。但是得把八識的妄想銷除，「銷我億劫顚倒想」，把你所有的顚倒想，也就是把八識給消滅了。「不歷僧祇獲法身」，一念間，八識滅、法身顯，顯露法身了。

假使說識蘊盡了，證到什麼地位？依一般大乘經義的說法，到了地上的菩薩，滅無明、證法身。《楞嚴經》上說是初住，住心向地。初住的時候就可以了，初住就獲得法身了。初住證得圓通，這是《楞嚴經》特別說的。到十信位滿心了，進入初住，就圓通了。爲什麼呢？因盡識盡，五蘊盡了，清淨了，入初住位。爲什麼？六根互相開合，六根分開、六根合成，這個叫妄想。要妄想滅，一般得證到十地，《楞嚴經》講達到初住就可以了。

空也是色。色界淺的，知色爲色，應當知道空亦是色。在《楞嚴經》

上說，知空色皆是色，空也是色。色界淺的，空是空、色是色；色界深的，空即是色、色即是空。《心經》上說，色即是空、空即是色，這是和合義。

此五陰元重疊生起．生因識有．滅從色除．

這是五蘊元，色、受、想、行、識的元，互相重疊生起。生是怎麼生的呢？因爲識有，名爲生；識無，名爲滅。

理則頓悟．乘悟併銷．事非頓除．因次第盡．

這個道理一頓悟了，是非沒有了，頓銷了。但是事非頓除，這叫因次第盡。

我已示汝劫波巾結．何所不明．再此詢問．

佛在第五卷當中，已經跟阿難說的很明白，爲什麼還問這個問題？這是呵斥阿難。

汝應將此妄想根元・心得開通・傳示將來末法之中諸修行者・令識虛妄・深厭自生・知有涅槃・不戀三界・

這是叫阿難弘揚《楞嚴經》，佛到這兒說法就圓滿了。什麼是妄想的根元？現在明白了嗎？你不明白就算了，還要傳示於將來。你要弘揚《楞嚴經》，在末法當中，讓一切修行者認識什麼是虛妄？別把身心當成眞實的。全是虛妄。不要求生，要厭離自生，「深厭自生」，不要戀三界，欲界、色界、無色界，不要貪戀，應該求入涅槃，就是這個涵義。

阿難・若復有人・徧滿十方所有虛空・盈滿七寶・持以奉上微塵諸佛・承事供養・心無虛度・於意云何・是人以此施佛因緣・得福多不・

有一位財富非常大的人，盡十方虛空都是七寶，拿這個七寶供養十方微塵數諸佛，你說這個人供養佛的因緣，多不多？福報大不大？

阿難答言．虛空無盡．珍寶無邊．昔有眾生．施佛七錢．捨身猶獲轉輪王位．況復現前虛空既窮．佛土充徧．皆施珍寶．窮劫思議．尚不能及．是福云何更有邊際．

「阿難答言，虛空無盡，珍寶無邊。」若有衆生拿這個來供養佛，功德不可思議。

往昔，「施佛七錢」，用七個錢供養佛。他捨身了之後，得到轉輪王的位，投身爲轉輪王。現在用七寶來供養佛，「窮劫思議，尚不能及。」這個福德無邊無際。

這是校量哪個福德最大，念《楞嚴經》的福德最大。念《楞嚴經》的一字一句，福德都是無邊的。

佛告阿難．諸佛如來．語無虛妄．若復有人．身具四重十波羅

夷。瞬息即經此方他方。阿鼻地獄。乃至窮盡十方無間。靡不經歷。能以一念。將此法門。於末劫中。開示未學。是人罪障。應念銷滅。變其所受地獄苦因。成安樂國。

一切諸佛所說的話，沒有半句是假的。假設有這麼一個人，身具四重，犯了四重罪，殺、盜、淫、妄都犯了，犯了十波羅夷。若能念《楞嚴經》，這個罪過頓時消滅，瞬息之間消滅了；也不下阿鼻地獄了，也不墮十方無盡的無間地獄。

念《楞嚴經》，銷業非常快；但是你想學《楞嚴經》，障礙也非常多。大家念〈楞嚴咒〉，起碼要「楞半年」，半年還不會背。但是只要能聽一遍《楞嚴經》，並不是天天念的，功德無量不可思議。

若是有人犯了殺盜淫妄十根本，乃至大乘菩薩犯了十波羅提木叉，這種重罪，在一般經上是不通懺悔的。在《楞嚴經》可不是這樣子，「能以一念」，還不用說我們學幾個月了，「將此法門，於末劫中，開示未學」，於末法時代開示未學，「是人罪障，應念銷滅」。但是我們可別做這樣想，那是經上說的，我們還要懺悔，不要滿足。

佛說你受持《楞嚴經》，這麼多的大罪雖然是不通懺悔的，但是在《楞嚴經》應念銷滅，也就是在你學《楞嚴經》的這一念間，把這個罪都銷滅了。不但罪銷滅了，還把地獄因成了安樂國的因。地獄苦因成安樂國，轉苦爲樂。

如果你能經常念〈楞嚴咒〉更好，不能念〈楞嚴咒〉，就念一遍《大佛頂首楞嚴經》功德也是如是，轉苦爲樂。

這部經的功德力量相當強，你學一遍就等於銷了無量劫的罪業，那不是金錢所能及的。「銷我億劫顛倒想，不歷僧祇獲法身」，就能夠成佛了，不需要經過無量僧祇劫的時間。

得福超越前之施人．百倍千倍．千萬億倍．如是乃至算數譬喻．所不能及．

「得福超越」，說前頭的人供養十方一切諸佛，那功德多大、福德多大啊！但是有一個人能念念《楞嚴經》，他所得的福德超過以前那個布施的人，一百倍一千倍，千萬億倍，「如是乃至算數譬喻，所不能及」。這就是說你能遇見《楞嚴經》，受持一遍，學習乃至〈楞嚴咒〉念一遍，那個福德不可思議。

約佛來說，財施為重？還是法施為重？當然以法為重。財施雖然重，不如法施。能於一念間開悟了，這是圓頓法門。我們雖然沒有開悟，這就是開悟的因，種了圓頓法門的因，將來一定能成佛。

約修行說，自行為要，化他為要。說你自己去照著《楞嚴經》去修，雖然重要，還要幫助別人，講解《楞嚴經》，讓別人也能知道，使未學《楞嚴經》的，讓他懂得這個道理，開示未學。這是第二種功德，這是約行來說的。

修行是以什麼修行為重要呢？行菩薩道、利益眾生。利益眾生以什麼法門為最要呢？《楞嚴經》，這是佛講的。約佛、約行、約福報，有漏的福報跟無漏的福德，這兩個相比，能夠遇到《楞嚴經》、讀誦《楞嚴經》，乃至稱個名，永脫輪迴，再不墮三塗，這是無漏的福報。譬如一顆摩尼珠，勝過供養多少品位的海裏寶貝。這就是說讀誦《楞嚴經》特別的殊勝處。

阿難・若有眾生・能誦此經・能持此呪・如我廣說・窮劫不盡・

我們上早殿一定念〈楞嚴咒〉，大家都能持〈楞嚴咒〉。若有人能誦一遍《楞嚴經》，乃至能持〈楞嚴咒〉，那功德窮劫不盡。若廣說這個功德，經過一劫也說不完的。

依我教言・如教行道・直成菩提・無復魔業・

同時照著《楞嚴經》上，佛所教授的去修道直至成佛，不會受魔業的，一切魔都不能入侵。

佛說此經已・比丘・比丘尼・優婆塞・優婆夷・一切世間天人・阿修羅・及諸他方菩薩・二乘・聖仙童子・并初發心大力鬼神・皆大歡喜・作禮而去・

《楞嚴經》到此講圓滿了。

在會的比丘、比丘尼、優婆塞、優婆夷、一切世間天人、阿修羅，還有他方的菩薩，他方的二乘，還有聖仙童子、大力鬼神，皆大歡喜，作禮而去，表示謝法。

聖仙童子現的是外道的身，仙人的身，但是他內修聖道。在這法會當中，有這些聖仙童子來聽經，來誦持護〈楞嚴咒〉。

還有一些初發心的大力鬼神，這種鬼神大多數是菩薩化身的，立志護法，也皆大歡喜，作禮而去。

最後祝大家吉祥！

附錄：五十種禪定陰魔略表

色蘊的十種陰魔	受蘊的十種陰魔	想蘊的十種陰魔	行蘊的十種陰魔	識蘊的十種陰魔
身能出礙	悲魔	貪求善巧	立無因論	墮因所因執生外道種
身徹拾虫	狂魔	貪求經歷	立圓常論	墮能非能執生大慢天我徧圓種
於空聞法	憶魔	貪求契合	一分常論	墮常非常執生倒圓種
見佛出現	易知足魔	貪求辨析	立有邊論	墮知無知執生倒知種
空成寶色	常憂愁魔	貪求冥感	徧計虛論	墮生無生執生顛化種
暗中見物	好喜樂魔	貪求靜謐	立五陰中死後有相心顛倒論	墮歸無歸執生斷滅種
燒斫無覺	大我慢魔	貪求宿命	立五陰中死後無相心顛倒論	墮貪非貪執生妄延種
徧見無礙	好輕清魔	貪取神力	立五陰中死後俱非心顛倒論	墮真無真執生天魔種
遙見遙聞	空魔	貪求深空	立五陰中死後斷滅心顛倒論	墮定性聲聞生纏空種
妄見妄說	欲魔	貪求永歲	立五陰中五現涅槃心顛倒論	墮定性辟支生覺圓明不化圓種

製表：方廣文化

國家圖書館出版品預行編目資料

淺說五十種禪定陰魔：《楞嚴經》五十陰魔章/
夢參老和尚講述/ 方廣文化編輯部整理.--
初版--,臺北市；方廣文化，2011.06
面：公分
ISBN 978-986-7078-30-8 (平裝)
1.密教部 2.禪定
22.94 100006743

淺說五十種禪定陰魔

《楞嚴經》五十陰魔章

主講：夢參老和尚
編輯整理：方廣文化編輯部
出版：方廣文化事業有限公司
住址：台北市大安區和平東路一
電話：02-23920003
傳真：02-23919603
◎地址變更：2024年已搬遷
通訊地址改爲106-907
台北青田郵局第120號信箱
(方廣文化)
劃撥帳號：17623463 方廣文化事業有限公司
網址：*http://www.fangoan.com.tw*
電子信箱：*fangoan@ms37.hinet.net*
美編設計：*Ray Ko*
攝影：仁智
印製：鎏坊設計工作室
出版日期：2023年5月初版7刷
定價：新台幣320元(平裝)
經銷商：聯合發行股份有限公司
電話：02-29178022
傳真：02-29156275
行政院新聞局出版登記證：局版臺業字第六〇九〇號
ISBN：978-986-7078-30-8
No.LY01 *Printed in Taiwan*

方廣文化出版品目錄〈一〉

夢參老和尚系列
書 籍

● 八十華嚴講述

HP01 大乘起信論淺述 (八十華嚴 導讀一)
H208 淺說華嚴大意 (八十華嚴 導讀二)
H209 世主妙嚴品 (第1至3冊)
H210 如來現相品・普賢三昧品 (第4冊)
H211 世界成就品・華藏世界品・毘盧遮那品 (第5冊)
H212 如來名號品・四聖諦品・光明覺品 (第6冊)
H213 菩薩問明品 (第7冊)
H214 淨行品 (第8冊)
H215 賢首品 (第9冊)
H301 升須彌山頂品・須彌頂上偈讚品・十住品 (第10冊)
H302 梵行品・初發心功德品・明法品 (第11冊)
H401 升夜摩天宮品・夜摩宮中偈讚品・十行品・十無盡藏品 (第12冊)
(H501~H903 陸續出版中......)

● 華 嚴

H203 華嚴經淨行品講述
H324 華嚴經梵行品新講 (增訂版)
H205 華嚴經普賢行願品講述
H206 華嚴經疏論導讀
H255 華嚴經普賢行願品大意

● 天 台

T305A 妙法蓮華經導讀

● 楞 嚴

LY01 淺說五十種禪定陰魔—《楞嚴經》五十陰魔章
L345 楞嚴經淺釋 (全套三冊)

方廣文化出版品目錄〈二〉

夢參老和尚系列
書 籍

● 地藏三經

地藏經

D506 地藏菩薩本願經講述 (全套三冊)
D516A 淺說地藏經大意

占察經

D509A 占察善惡業報經講記(附HIPS材質占察輪及修行手冊)
D512A 占察善惡業報經新講

大乘大集地藏十輪經 D507 (全套六冊)

D507-1 地藏菩薩的止觀法門 (序品 第一冊)
D507-2 地藏菩薩的觀呼吸法門 (十輪品 第二冊)
D507-3 地藏菩薩的戒律法門 (無依行品 第三冊)
D507-4 地藏菩薩的解脫法門 (有依行品 第四冊)
D507-5 地藏菩薩的懺悔法門 (懺悔品 善業道品 第五冊)
D507-6 地藏菩薩的念佛法門 (福田相品 獲益囑累品 第六冊)

● 般 若

B411 般若波羅蜜多心經講述 (合輯本)
B406 金剛經
B409 淺說金剛經大意
B412 應無所住：金剛經十四堂課

● 開 示 錄

S902 修行 (第一集)
Q905 向佛陀學習 (第二集)
Q906 禪・簡單啟示 (第三集)
Q907 正念 (第四集)
Q908 觀照 (第五集)

方廣文化出版品目錄〈三〉

地藏系列	D503	地藏三經（經文版） （地藏菩薩本願經、大乘大集地藏十輪經、占察善惡業報經）
	D511	占察善惡業報經行法（占察拜懺本）（中摺本）
華嚴系列	H201	華嚴十地經論
	H202	十住毘婆沙論
	H207	大方廣佛華嚴經（八十華嚴）（全套八冊）
般若系列	B402	小品般若經
	B403A	大乘理趣六波羅蜜多經
	B404A	能斷金剛經了義疏（附心經頌釋）
	B408	摩訶般若波羅蜜經（中品般若）（全套三冊）
天台系列	T302	摩訶止觀
	T303	無量義經（中摺本）
	T304	觀普賢菩薩行法經（中摺本）
部派論典系列	S901A	阿毘達磨法蘊足論
	Q704	阿毗達磨俱舍論（全套二冊）
	S903	法句經（古譯本）（中摺本）
瑜伽唯識系列	U801	瑜伽師地論（全套四冊）
	U802A	大乘阿毗達磨集論
	B803	成唯識論
	B804A	大乘百法明門論解疏
	B805	攝大乘論暨隨錄
憨山大師系列	HA01	楞嚴經通議（全套二冊）

方廣文化出版品目錄〈四〉

密宗系列

M001　菩提道次第略論釋 (全套四冊)
M002　勝集密教王五次第論
M003　入中論釋
M004　大乘寶要義論(諸經要集)
M006　菩提道次第略論
M007　寂天菩薩全集
M008　菩提道次第廣論
M010　菩提道次第修法筆記
M011　白度母修法(延壽法門修法講解)
M012 A　中陰–死亡時刻的解脫
M018　菩提道次第廣論集註 (卷一～卷十三)
M019　佛教的本質–《佛教哲學與大手印導引》
M020　業的力量–(與死亡的恐懼共處)

能海上師系列

N601　般若波羅蜜多教授現證莊嚴論名句頌解
N602　菩提道次第論科頌講記
N606　能海上師傳
N607　現證莊嚴論清涼記
N608　菩提道次第心論

論頌系列

L101　四部論頌(釋量論頌 現證莊嚴論頌 入中論頌 俱舍論頌)
L102　中觀論頌 (中摺本)
L103　入菩薩行論頌 (中摺本)
L104A　彌勒菩薩五部論頌
L105A　龍樹菩薩論頌集
L106　中觀論頌釋
R001　入中論頌 (小摺本)

方廣文化出版品目錄〈五〉

南傳佛教系列

SE05 七種覺悟的因素
SE06 南傳大念處經 (中摺本)
SE07 三十七道品導引手冊 (阿羅漢的足跡增訂版)
SE08 內觀基礎 《從身體中了悟解脫的真相》
SE09 緬甸禪坐 《究竟的止觀之道》(增訂版)

其他系列

Q701 單老居士文集
Q702 肇論講義
Q703B 影 塵－倓虛老法師回憶錄
Q705 佛學小辭典 (隨身版)
ZA01 參 禪《虛雲老和尚禪七開示》
ZA02 禪淨雙修《虛雲老和尚開示錄》
Z005《禪宗公案》－李潤生著